手把手教你开

微店

陈彩月 著

中国宇航出版社
· 北京 ·

图书在版编目(CIP)数据

手把手教你开微店 / 陈彩月著. --北京:中国宇航出版社,2015.1 (2015.9 重印)

ISBN 978-7-5159-0885-4

Ⅰ. ①手… Ⅱ. ①陈… Ⅲ. ①电子商务—商业经营 Ⅳ. ①F713.36

中国版本图书馆 CIP 数据核字(2014)第 311640 号

责任编辑　卢珊　　**装帧设计**　杜晴岚

出版发行	**中国宇航出版社**		
社址	北京市阜成路 8 号 (010)68768548	**邮编**	100830
网址	www.caphbook.com		
经销	新华书店		
发行部	(010)68371900 (010)68768541		(010)88530478(传真) (010)68767294(传真)
零售店	读者服务部 (010)68371105		北京宇航文苑 (010)62529336
承印	三河市君旺印务有限公司		
版次	2015 年 1 月第 1 版		2015 年 9 月第 3 次印刷
规格	787 x 960	**开本**	1/16
印张	12.5	**字数**	200 千字
书号	ISBN 978-7-5159-0885-4		
定价	32.00 元		

前　言

创业的浪潮一浪又一浪，前浪难免死在沙滩上。

当传统网店将更为传统的地面店拍倒在沙滩上时，何曾想到几年之后，一波更低成本、更高受众的微店会来抢自己的饭碗？

80 后小伙开微店卖水果月入 8 万元，90 后学生开微店卖鲜花月入 13 万元……一个个新闻拨动了不少有志创业者那颗不甘平庸的心。

互联网从来不缺新生事物，也从来不缺创业机会，缺少的只是一双善于发现的眼睛，以及一份说做就做的果敢。你没赶上淘宝的潮头，不要紧；你错过了微博的最佳创业期，不要紧。如今，微店来了！

和传统网店相比，微店具有以下几个鲜明的特点。

首先，无需电脑，只需要一台智能手机就可以随时随地谈业务，做生意。

其次，注册简单快捷，前期投入可以做到免费（或仅投入少量资金），后期服务省心（发货、换货、退货等事宜，可以由厂家负责）。

再次，超过 5 亿智能手机用户的广阔市场，为创业者提供了巨大的发展空间。

可以说，微店是专为那些心怀创业梦想但缺乏创业资本的人准备的。

各位有心创业的朋友，只需要注册一个微店 APP，便可以“零费用”拥有一家属于自己的网络商城，通过推广，形成订单。而发货等事项则可以交给供货商去搞定。你只需要坐在家中的沙发上，一手拿着手机，一手端着下午茶，悠然地做着生意。

移动互联时代，人们享受着越来越便捷的商品服务。微店正在凭借自身异常强大、诱人的优势，吸引众多的产品商家、创业者以及消费群体。同时，微店的强势崛起，也让传统网店的地位受到了威胁。微店大有将传统网店取而代之的趋势。

按照马云的说法："未来要么电子商务，要么无商可务。"微店为无数商家提供了更多的产品营销机会，以及更多的推广空间，使产品能够更便捷地到达消费者手中。同时，也为更多的创业者提供了门槛更低的创业平台。

为了让已经开微店以及有意开微店的朋友们，在创业路上走得更加平稳，本人写作了《手把手教你开微店》一书。本书图文并茂，通俗易懂，从前期准备、商品管理、推广管理、销售管理、付款管理、促销管理、订单管理、客户管理、收入管理的各项功能应用入手，完整而又详细地教你如何开一家成功的微店。

世间万物，都有一个从小到大的发展过程。微店虽小，但潜力无穷。从 2014 年开始，微店行业进入飞速发展阶段。相信在不久的将来，微店将放射出夺目的光芒。

心动不如行动。开一家微店，给自己打工，做命运的主人。

作　者

2014 年 12 月

目录

第一章

错过了淘宝 别再错过微店

心怀创业梦想的你，当年或许因为这样那样的原因错过了淘宝，错过了一波在网上掘金的好机会。

不要懊恼，不要灰心。错过太阳还有月亮，错过月亮还有星星。微店，就是天空中那轮皎洁的月亮，那群闪耀的星星。

在汹涌的微店创业浪潮中，如果你不想再次因错过机会而懊恼，那么就不要再犹豫不决，为自己，为梦想，拼搏一次！

电商平台哪家强

开过网店的人都知道：在一些大型购物网站中，要想开设并经营好一家店铺，除了需要一笔资金搞装修，做直通车（点击付费模式），还需要缴纳不菲的消费者保障金。对于初次创业者来说，资金上的压力有点儿大。

但是没办法，只有“烧钱”，店铺成功的希望才会更大。很多时候，经营传统网店就像将一沓一沓人民币投入炉膛，去烧开你的那壶生意之水。不少人在烧到四五十度时，感觉前途渺茫，就放弃了。坚持下去的，有一些人烧到八九十度，却因为无钱可烧，不得不饮恨而退。而那些少数烧开了的，还要不停地烧钱，一停，水就会凉……

开过传统网店的小伙伴们，大概都有过这样的经历：通宵熬夜，费神费力，可进店的绝大多数人都只是过客，只浏览不下单。买了货的，也很有可能给个差评。更别提那些如幽灵一样防不胜防的差评师……

微店的诞生，为创业者们带来了新的曙光。微店常见的经营模式为：消费者下单——微店受理——厂家发货——消费者收货。微店不需要店主自己寻找和囤积货源，不需要店主自己处理物流，质量问题、售后服务也不必店主劳神，这些工作由厂家来做。无须花钱做店铺装修，无须缴纳保证金。这种模式让微店店主真正做到了零库存、零成本、零风险。当然，如果你有自己的产品，也可以放在微店卖。

如果运营得当，大量的微店粉丝会马不停蹄地帮你进行推广，他们日夜不知疲倦，并且不用你支付工资。微店不仅可以让店主轻松获利，对于上游生产厂家或批发商来说，也是大有裨益的。

作为生产厂家，只需要将自己生产的产品发布到云端产品库，很快就会看到无数微店开始推广自己的产品。厂家只要坐等微店店主发来发货订单并发货就可以了。

传统的 PC 电商，已经越来越不能满足用户需求，下一个爆发点是移动电商！如果将微店比作一部新款网游，将无数个创业店主看作是网游爱好者，那么目前微店正以燎原之势进入如火如荼的应用阶段。10 年前，你错过了淘宝；今天，你还想错过微店吗？

哪些人适合开微店

创业的途径千万条，没有最好的，只有最合适的。从事不适合自己的事业，如同和一个不适合自己的人结婚，不开心，难长久。

归纳起来，以下六种人是最适合从事微店创业的（见图 1－1）。

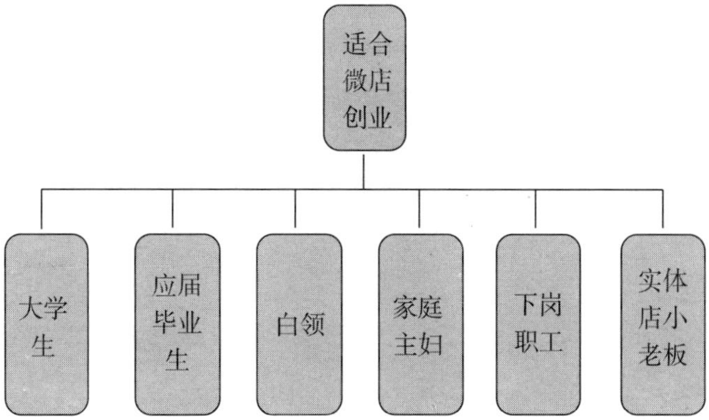

图 1-1　适合开微店的六类人群

1. 大学生

大学生时间充裕，精力旺盛。谈恋爱费钱，打网游费时（其实也费钱）。创业吧，经验不足，本钱不够。开一家微店怎么样？一方面可以赚钱，过上自给自足的“小康”生活；另一方面还可以积累宝贵的创业经验，一举两得。

说不定多少年以后，一位成功的商业大佬会这么说：“世上哪有什么天才，我只不过把同学们打网游的时间用在开微店上。”

2. 应届毕业生

说到“毕业就是失业”，总是让一些应届毕业生们泪奔。“我们只是待业而已。”他们会这样小心翼翼地辩解。

失业也好，待业也罢，不如开家微店创业。变“失业”为“实业”，努力将其打造成“事业”，是不是很有“高大上”的感觉？

3. 白领

大多数白领生活比较有规律，朝九晚五，双休，闲暇时间比较多，而且十有八九属于资深网民，刷微博、聊微信，样样精通。

顺便开一家微店赚点儿外快，等于找了一份不用花太多时间和精力就能赚钱的兼职工作。放心，这份兼职不会被你的老板禁止和反感——只要你卖的不是公司竞争对手的产品。

4. 家庭主妇

与以上几类人群相比，家庭主妇的闲暇时间更多。由于要照顾孩子，操持家务，所以家庭主妇们的闲暇时间都相对零散。如果想找一份零工来做，时间上不允许。不过，开一家微店的话，这些零碎的时间正好可以有效利用。

对于家庭主妇来说，开微店不仅可以打发一下闲暇的时间，更重要的是，可以帮助她在离开职场之后仍然做到经济独立。

经济独立对于一个女人来说有多重要，你懂的。

5. 下岗职工

下岗，意味着失去工作，失去经济来源。大部分下岗职工，年龄都在四五十岁之间，再找份合适的工作相对比较困难。

一些下岗职工想选择自主创业，可是却苦于手里启动资金不够。有了启动资金吧，经验欠缺又是一个大问题。

对于这个群体来说，开一家微店相对保险。本钱极少，经营管理较为简单，文化程度很低、学习能力较差的人也能轻松掌握。

6. 实体店小老板

对于实体店小老板来说，再开一家微店，相当于给生意开拓了一条新的销售渠道。加之自己可以解决货源，经营起来会比一般的微店店主更加得心应手。

当然，适合开微店的绝不仅仅只有上面这些人群，其实只要是对微店平台有兴趣的朋友，都可以尝试一下。

不要说自己没有时间。工作再忙，也会有闲下来的时候；也不要担心自己不懂怎么操作，只要会用手机，开微店就不成问题。

如果说多年前的淘宝创业是互联网上的一次寻宝之旅，那么微店则是直接放在移动互联网上的一颗大钻石。

打开你的智能手机，下载一款微店 APP，开始你的寻钻之旅吧！

在哪里开微店

与开设其他传统网店不同，开微店不需要电脑，只需要一台联网的智能手机，下载一款微店 APP 即可。

市场上有很多种微店 APP，究竟哪一款比较好用，或者说哪一款 APP 比较适合你呢？

选择微店 APP 就像相亲：没有最好的 TA，只有最适合自己的 TA。在选择微店 APP 之前，大家先要了解一下各个微店 APP 的特点，再根据自身需求去“配对”。

以下是市场上常用的几款微店 APP（见图 1－2）。

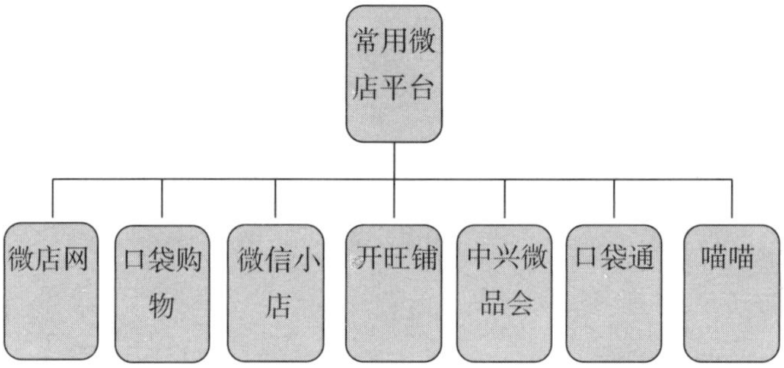

图 1－2 常见的微店平台

图 1－3 微店网

1. 微店网

微店网（见图 1－3），于 2013 年 8 月 28 日正式上线。这个平台有一个巨大的优势：能够有效帮助店主解决货源难的问题。

供应商和微店店主是微店网的主要应用群体。供应商承担了货源、物流以及售后服务，店主只需要在微信、微博、QQ 等社交渠道中做好推广就可以了。

不管你是谁，不管你之前从事什么工作，只要你在微店网上注册账号，不需要缴纳任何费用，就拥有了所有入驻微店网的供应商的所有产品的销售权。

同时，微店网拥有网页版和手机版两种登录版本，这大大便利了买卖双方的交易，因此应用价值很高。

不过鉴于店主无法有效控制货源，在保证产品的正品率上，还需要店主慢慢摸索门道，总结经验。

2. 口袋购物

口袋购物（见图 1－4），是应用相对较广的一款 APP，已经有不少店主在这个平台上实现了自己的致富梦想。

口袋购物没有任何门槛，也不会向用户收取任何费用，而且各方面功能一直在不断的更新完善中。

口袋购物目前已经拥有上千万用户。如果你本身就是一家淘宝店店主，那么口袋购就是你不错的选择。你可以一键将自己的淘宝店搬到口袋购物平台上来，轻轻松松一店两开。

图 1－4　口袋购物

3. 微信小店

2014 年 5 月 29 日，微信社交平台上发布的一则网络新闻，引发了网友们的广泛关注：

“微信公众平台今天推出微信小店功能，微信小店基于微信支付，包括添加商品、商品管理、订单管理、货架管理、维权等功能……”

图 1－5　微信小店

这则消息标志着又一款微店平台已诞生。

微信是一款用户基础很广泛的社交平台，依托这一点，微信小店（见图 1－5）自然轻松获得了大量的人气。

微信小店需要开通微信服务号才能通过认证。以前需要缴纳2万元的保证金，现在取消了，只是认证过程较为严格，并且需要收取300元的费用。

微信小店目前只能选用微信支付。虽然有些小小的门槛，但这并不影响微信小店APP的火爆，其用户数量一直保持着迅猛的上升趋势。

4. 开旺铺

图1-6　开旺铺

开旺铺（见图1-6），于2011年10月8日正式上线。普遍反映其微店非常漂亮，手机开店版本适合个人用户，功能和其他微店差不多。

开旺铺有个电脑版，可以通过电脑访问http：//kaiwangpu. com来管理店铺。以绿色为主的管理界面，简洁大方，功能也很专业。当然，专业的工具，在操作上多少会繁琐一点点。

目前，开通开旺铺微店无需任何费用。

5. 中兴微品会

图1-7　中兴微品会

中兴微品会（见图1-7），于2014年6月24日正式上线。和其他微店平台相比，中兴微品会算是一款比较小众的APP。

微店店主进驻中兴微品会后，不

仅可以出售中兴通讯公司生产的任何一款产品，也可以添加自己想要销售的产品。

在中兴微品会平台上添加产品很简单，该平台会向各位店主列出所有的商品。店主浏览后，选定自己想要销售的商品就可以了。

6. 口袋通

相对来说，口袋通（见图 1－8）这款微店平台更适合企业应用。虽然说企业有很多可以选择的平台，比如微易购、微信生意宝、微商城等，不过那些平台都是收费的，而口袋通是免费开放的。

图 1－8　口袋通

口袋通不仅为用户提供虚拟店铺，还能帮助店主做好粉丝管理工作。

贴心服务的平台，总是会设置一些准入机制，否则很难保证服务的品质。在口袋通注册开店，必须是正规商家，并且店主的公众号必须是服务号。

7. 喵喵微店

一看到这个名字，就知道跟小猫有关。没错，喵喵微店的店招就是一只粉色小猫咪，看起来“萌萌哒”，非常可爱（见图 1－9）。

图 1－9　喵喵微店

这一微店平台是专为女性朋友量身打造的。除了发布商品，喵喵微店还拥有一键分享、设置秒杀、店铺统计、货源交流等多项功能。

虽然目前喵喵微店不为用户提供货源服务，但这丝毫不影响它在萌妹子心目中的地位。

开通喵喵微店也无需任何费用。以前执行的是单日交易额在5000元以上需要收手续费（以下全免），自2014年10月24日起，这个规则废除，无论交易金额多少，都不收取手续费。

以上列举的是七种比较常见和实用的微店平台，其实网上还有很多。无论你选择哪一款微店，都要从自身的实际和需求出发，既不要因为门槛有点高而望而却步（其实也高不到哪里去），也不必因为功能多而趋之若鹜。

如果你想更深入地了解这些平台，不妨以顾客的身份去各个微店体验一番，综合比较一下哪款更适合自己开店。

总之，适合你的，才是最好的。

在微店里卖什么

选定了微店 APP 之后，不要着急着注册。注册之后，店铺就开张了，总不能让店内空空如也吧？因此在注册（开张）之前，最好先准备好售卖的商品。

售卖商品的选择，对于微店的生存与发展至关重要。下面，我们来讲讲选择商品的六大原则（见图1－10）。各位跃跃欲试的准店主们，先“涨姿势”再谈赚钱。

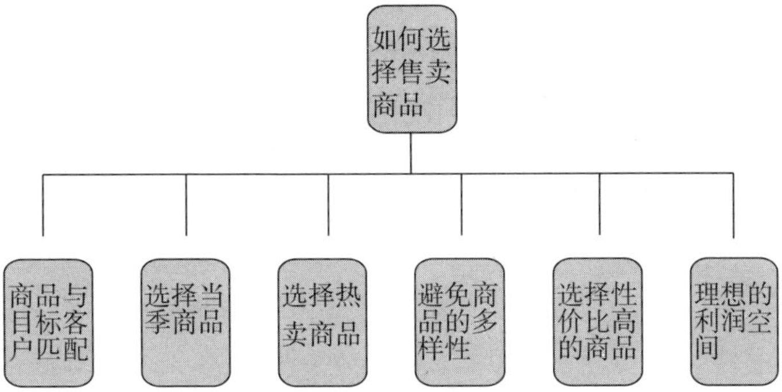

图 1－10　选择商品的六大原则

1. 商品与目标客户匹配

微店开起来之后，很可能会出现这种情况：当你“众里寻他千百度”，终于找到了一款中意的商品并以最快速度上架，然后怀着激动的心情等待日进斗金时，却发现一个星期过去了，一个月过去了，商品却没卖出去几件。

造成这种状况的原因，可能与商品本身有关，比如质量不过关、价格不公道等，但更大的可能是店主没有把自己的资源与商品进行有效匹配。

你的朋友圈子——包括微信、QQ 等好友，大致是一群什么属性的人，你的商品就应该围绕这些人的需求去设计。当然，你也可以先找准商品，再有目的地去开发对这类商品有需求的客户群，只是要在营销上多下点功夫。

无论如何，商品一定要与目标客户匹配。别去干把冰箱卖给爱斯基摩人的傻事，那只是一些营销培训师们的臆想和噱头。

2. 选择当季商品

所谓选择当季商品，就是说要顺应消费者的需求变化。如果天空飘起了雪花，还有人在销售超短裙，那么这家微店离关门不远了。

当消费者的需求随着各种主观或客观的因素发生变化时，店主一定要把握住时机，对商品进行相应的调整与更换，这样才能让微店受到持续关注。

3. 选择热卖商品

相对于一般商品，热卖商品更能吸引眼球，也能给微店带来更多的人气与销售额。所以选择热卖商品是一个不错的主意。

在选择热卖商品时，对进入的时机和未来的市场变化趋势要有一个清醒的认识。如果时机选择不当（比如市场已经趋于饱和），或者对市场预期不准（比如行情出现滑落），很可能会遭遇失利。

4. 避免商品的多样性

在选择售卖商品的时候，部分店主或许会这样想：销售的商品种类越多，客流量就会越大，营业额也会越高。这是微店经营中的认识误区。

微店不同于实体的超市，商品越全，对顾客越有吸引力。实践证明，集中一种单品进行销售的微店，其业绩要比那些销售商品种类繁多的微店高很多。

造成这种差异的原因在于：微店的商品种类太多会分散经营者的精力，店主难以保证在售商品的性价比；待客服务也因为自己不专业（种类太多，记不下来），很难做到有效推荐。

微店的核心竞争力在于“小而专，小而精”，在于拥有一群铁杆粉丝。

5. 选择性价比高的商品

相信大家都听过“性价比”这个商业名词，商品的质量除以价格即为性价比。当然，质量没有一个精确量化的数字，只能是一个估摸数。

质量的分子越大，或价格的分母越小，该商品的性价比就越高，越容易受到消费者的欢迎。反之，性价比低的商品，相对会滞销。

性价比的高低，是店主在选择商品时必须慎重考虑的一个问题。比如，同样一件商品，在质量差异不大的情况下，当然要选择价格更便宜的那一种。

6. 理想的利润空间

开店的目的当然是为了赚钱，所以利润空间是必须考虑的。一般来说，微店的利润率若不超过 30%，生意就很难有理想的回报。

所谓利润率，其计算公式为：利润 ÷ 成本 ×100% = 利润率。根据笔者的调查，微店商品的利润率普遍高于 30%。特别是化妆品，利润率在 80% ~120% 之间。

但利润率与利润不能划等号。因为对顾客来说，涉及到性价比的考量。你的利润率太高，往往意味着顾客的性价比低。性价比低，商品自然走不动。

光有高利润率而没有销量，再高的利润率也是白搭。因此在薄利多销与厚利少销之间，要尽量做到一个平衡。

综合考量以上六点之后，相信你做出的决策会更加理性与科学。

准备工作汇总

凡事都不能打无准备之仗。下面是注册微店之前的准备工作汇总（见图1－11）。对照一下，你是不是已经万事俱备了？

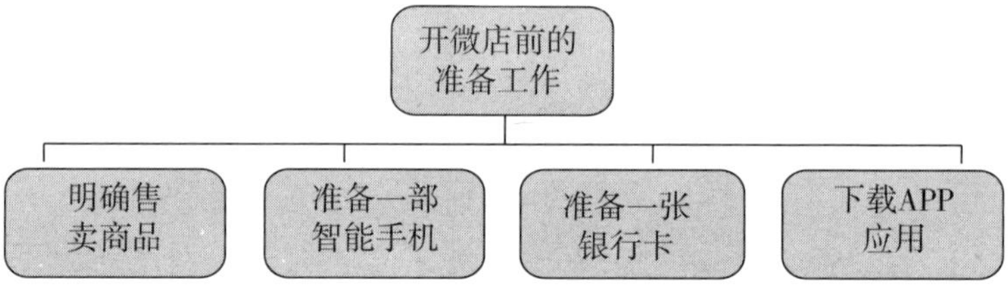

图1－11　注册微店前的四项准备工作

1. 明确售卖商品

这个问题在上节已经详细阐述，在此不再赘言。

总之，选定售卖商品是在开店之前必须确定的事情。当然，要做好这件事，必须经过细致的市场调研，同时还要根据自己的资源来选择。

2. 准备一部智能手机

开实体店需要商铺，开淘宝需要电脑，而开微店只要有一部智能手机就可以了，这也是微店之所以“微”的主要原因。

有一点值得注意：微店的营销推广工作以及与买家进行交流、沟通，会涉及微信、微博、QQ等社交工具的应用，所以在开通微店之前，要把这些社交软件下载到手机上。

3. 准备一张银行卡

在开通微店之前，店主应该准备好一张用于收款的银行卡，并绑定在自己的微店支付功能上。

微店平台几乎支持所有类型的银行卡。

4. 下载APP应用

微店经营——比如产品的营销推广、日常管理等，都将在你所选取的微店APP上进行。

在微店APP的选择上，店主一定要考虑全面，最好先对备选的微店APP应用进行全面了解和综合评估。比如应用过程中是否得心应手，是否便于交易工作的顺利进行，等等。然后再进行选择。

当然，不要忘记参考我们在“在哪里开微店”一节所谈到的内容。

除了上面为大家介绍的这些必备事宜之外，还有一些细节问题需要考虑。比如，提前想好微店的名称，提前准备好微店的头像等。

一切准备妥当之后，微店就可以华丽丽地登场了。

教你快速注册

确定好微店 APP 后，现在我们就要将其下载到自己的手机上了。

鉴于市场上常用几款微店 APP 的下载和安装流程基本相似，下面我们仅以口袋购物为例进行说明和讲解。

（1）选取一款应用下载浏览器，在输入框中输入“口袋购物”（或其他 APP 名）。搜索后会发现“口袋购物”应用图标，点击下载即可（见图 1－12）。

图 1－12　搜索“口袋购物” APP

（2）点击下载后，“口袋购物”客户端很快便下载完毕，然后点击安装即可。

完成微店 APP 的下载和安装工作后，接下来就可以正式注册自己的微店账号了。

我们还是以口袋购物 APP 为例，来给大家详细讲解。市场上同类的 APP，其操作与口袋购物大同小异。

（1）点击“口袋购物” APP 图标，进入微店页面（见图 1－13）。

（2）进入“口袋购物”的登录（注册）页面，点击“注册”按钮，然后填写注册信息。

（3）首先填写自己的手机号码，完成之后点击“下一步”。这时候，手机会接收到微店平台发送过来的验证码。将验证码填写到相应的编辑框中，再次点击“下一步”。

（4）接下来就要设置微店密码了，密码和微店的安全息息相关，所以各位务必要做好防范措施。为了安全起见，最好将微店密码的长度设置在9位以上。

（5）设置完密码后（需二次输入），点击“下一步”，进入“填写个人资料”页面。在这个页面，需要填写自己的基本信息，包括自己的姓名、身份证号码（需二次输入）等。

（6）个人资料填写完毕后，点击“下一步”，就会进入店铺创建页面。在这里需要输入自己的店铺名称（最好事先想好），之后点击“完成”按钮。

到这里，微店的注册工作就基本告一段落了（见图1－14）。

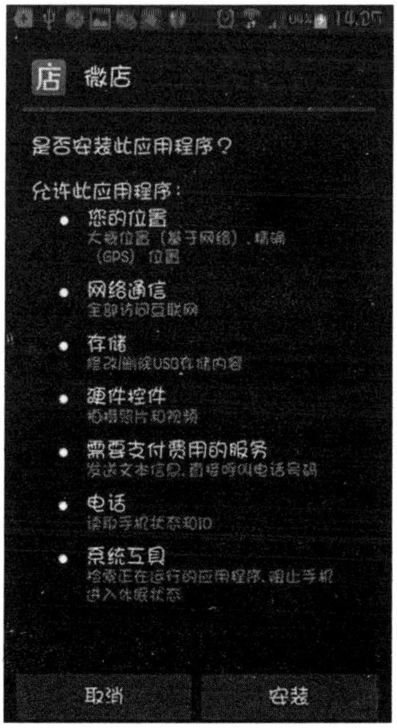

图1－13　口袋购物微店页面

图1－14　创建店铺

为了保险起见，在注册成功后，建议各位尝试登录一下自己的微店，以确认注册成功。步骤如下。

（1）退出“口袋购物”，回到主页，点击“登录”按钮，重新登录。

（2）进入“登录”页面，输入手机号码和微店密码，点击“完成”。

（3）登录成功，进入“口袋购物”主页（见图1－15）。

除了智能手机之外，大家还可以使用平板电脑来进行微店注册。无论是智能手机还是平板电脑，注册微店都是很简单和快捷的。按照上面的流程一步步操作下来，你就能拥有一家属于自己的微店。

图1－15　口袋购物主页

案例：4个大学生的创业梦

近几年，有关大学生创业的话题一直备受社会关注，从“猪蹄西施”到90后个性店主马佳佳，再到别出心裁的“中国大姨夫”……年轻大学生凭借自己对新生事物的超强接受能力，不断地在一些新兴领域里追逐自己的创业梦想，尤其是微店这一新生事物出现以后。

“浙师大订奶”（见图1－16）便是乘着这股东风崛起的一个微

店品牌。

图1-16 “浙师大订奶”的幽默宣传

当你身处浙师大周边区域，使用微信添加微信号“浙师大订奶”后，便会立即收到一条自动回复欢迎语。按照上面的提示提出问题后，便会收到相应的回复。同时，你会在回复内容里看到微店的网址链接，点击后便可直接进入“浙师大订奶”的微店主页，里面展示的是他们售卖的各种牛奶。这些可以包月订购的牛奶，价格在90元到135元之间不等。

“浙师人订奶”最初是由魏榕、佘艾洁、李娜和付晨洋四人共同创办经营的（目前队伍在不断发展壮大中），他们全部都是浙江师范大学广告专业的学生，其中付晨洋是唯一的男生。

在销售鲜奶之前，他们在其他领域里也有过创业经验，不过那些都只是小打小闹。2013年9月份，他们经过调研发现，浙师大的学生们都有睡前喝牛奶的习惯，他们觉得这是一个商机，便有了卖牛奶的想法。

学校周边有很多售卖袋装牛奶的，因此他们打算采取差别化竞争策略，只售卖当天的新鲜牛奶，而且送货上门。

于是，四个人开始寻找奶源，并很快与当地一家企业达成了合作。货源解决后，接下来就要解决在哪里卖的问题。当时微店还未盛行，他们决定在微信上贩卖，于是便申请了“浙师大订奶”这个微信号。

作为广告专业出身，他们具备着该专业学生特有的营销素质。利用这一优势，他们成功地将“浙师大订奶”这个微信号“打入”

了校友们的内心，使他们的微信号很快便在校园里拥有了不小的名气，订单也随之而来。

2014 年初，微店开始盛行，他们趁热打铁，将生意放到了自己精心打造的微店平台上。不到半年的时间，团队成员便从原来的四个人增至七八个人，月营业额更是高达两三万元。

“浙师大订奶”是如何在如此短的时间内凭借微店平台取得成功的呢？

1. 创业前的市场调查很重要

对于创业者来说，提前做出一份详尽的市场调查尤为重要，四个人深谙此道。在销售鲜奶之前，他们首先在校园里进行了一次市场调查。

从市场调查报告来看，大多数学生都有睡前喝牛奶的习惯，而且普遍喜欢喝鲜奶。发现这一点后，嗅出巨大商机的四个人便开始了他们的“订奶”生涯。

2. 不易买到的东西最具市场价值

在市场调查中，他们发现大部分学生为了喝奶方便，普遍会从超市里买来一箱牛奶，然后放在宿舍里，存起来慢慢喝。虽然他们都能保证在保质期内将牛奶喝完，但牛奶的新鲜程度和鲜奶绝对不可同日而语。

不过，这种鲜奶保质期都非常短，浙大周边的超市也因为担心卖不掉会浪费，所以没人敢销售这种鲜奶。这就形成了喜欢喝牛奶的大学生们想喝新鲜奶却不容易买到的局面，这为他们的创业提供了市场缝隙。

3. 创业过程其实就是不断解决问题的过程

在销售鲜奶的过程中，他们不断解决接踵而来的问题。首先，需要解决的就是派送问题。最初，每幢楼都配有固定的配送员，不过不久之后问题便来了：订奶量和配送员的利益息息相关，有的楼订奶的人比较多，生意非常好，于是配送员很开心。有的楼订奶的人较少，甚至生意惨淡，配送员自然郁闷。

这怎么办呢？四个人经过一番商讨后，一致认为按片区派送更加合理。不过没过多久，新的问题又出现了：当负责某一片区的配送员突然辞职后，就会导致该片区供奶出现断档。

再次商议后，他们找到了解决问题的办法，即除了每天固定的配送员之外，再招聘三四个负责接单和人员调配的后备送奶员，同时添加两名专门负责接奶的小队长。这样他们就彻底解决了派送的问题。

类似的问题数不胜数。可以说，他们每前进一步，都会遇到不少的问题。只有在解决问题之后，他们才可以继续前进。

4. 营销宣传很重要

其实，“浙师大订奶”这个微信公众号，最初是由魏榕、余艾洁和李娜三个女生创建的，付晨洋是最后加入的。开店初始，为了吸引客户，三个女生为公众号特别编写了一段功能介绍，并美其名曰“欢脱体”：

“呵呵，浙师大订奶，配送到寝室 ~ 睡前一杯鲜奶，心不乱了，夜不寂了，再也不用靠 YY 入睡了！饿了啃杯酸奶，艾玛，招展的小蛮腰又回来了！本地奶，肯定鲜！欢迎调戏订购。”

生动有趣的宣传语，加上美女送奶的上门服务，订单接踵而来。

另外，他们本身就是广告专业的学生，宣传推广自己的微店简直就是小菜一碟。大家经过几番商讨与策划，最终制订出一套3D立体宣传方案，随后立即展开行动，扫楼、贴传单、发单页、免费试喝……他们为此四处奔波，非常辛苦。

5. 不断开拓新客源

伴随着生意日渐红火，他们的野心也越来越大，除了主动与一家外地大型奶企联系并合作以外，他们还准备不断开拓新客源，比如赚老师的钱。

老师是不同于学生的另外一类客户群体，所以他们制定了区别化的营销策略。比如：有的老师订奶是为了送给同在浙大上班的另一半，那么他们就会在这种奶瓶上附带一张小卡片。卡片上写满了温馨浪漫的话语，收到牛奶的人看到卡片上的内容后，都会非常开心。

为了提高附加值，他们还开发了套餐服务，比如周一至周五，他们不仅会为老师提供牛奶，而且还会搭售各种不同的小点心。

月营业额两三万元，虽然赚钱不多，但作为大学生，他们不仅收获了丰富的社会实践经验，还收获了一份属于自己的事业。

第二章

商品管理：从**添加**到分享**一键处理**

微店注册成功，就相当于店铺开业了。应尽快将商品上架销售，不要让你的店铺空置太久。一鼓作气，再而衰，三而竭。

商品管理是微店开通后的第二项至关重要的工作。微店只是一个展示商品的平台，商品才是最重要的内容。

如何将商品添加到微店平台并分享出去?

寻找货源很简单

我们前面说过，微店店主既可以卖自己的商品，也可以卖别人的产品，两种方法都有钱可赚。前者是赚利润，后者是赚佣金。

那么卖别人的产品该如何寻找货源呢?

微店平台都有一个单设的功能——批发市场。你不知道哪儿进货不要紧，不想手里存货也不要紧，批发市场帮你全部搞定。你不但可以在一个海量的批发市场寻找中意的商品，还不需要你拿出真金白银进货，而且从商品发货乃至售后服务，批发市场的商户都可以帮你搞定。

以“口袋购物”为例，去批发市场的路径如下。

(1) 打开“口袋购物”微店 APP 主页，翻到第二篇，会看见一个“卖家市场”的图标（见图 2 - 1）。

(2) 点击“卖家市场”。进入该页面后，各位会看到三大板块，包括批发市场、转发分成和附近微店。在“批发市场”下方有六个字：“没货源，看这里”，其作用不言而喻。

(3) 点击“批发市场”。进入后，会看到销售各类商品的店铺

(见图2－2)，这里货物品类齐全，应有尽有，你可以尽情寻找自己中意的供货商和商品。

(4) 找到自己感兴趣的供货商后，点击进入，可以看到各种店铺展示的所有商品(见图2－3)。

(5) 点击选中的商品，便会进入该商品的详情页面，看到该商品的详细信息。

当你有意添加某件商品后，便可以点击商品详情页右下角的“联系卖家”按钮，和商家交流合作事宜，同时还可以让对方为你提供该商品的图片。商品详情页里也有商品的图片和其他详细信息，自己动手截图添加到微店也可以。只是手动截图的图片效果相对欠佳，清晰度不如供应商提供的图片。

图2－1　口袋购物主页第二页“卖家市场”

图2－2　批发市场

图2-3　店铺商品展示

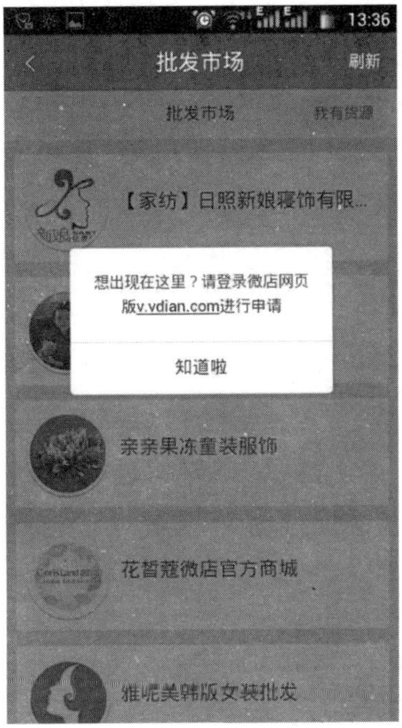

图2-4　“批发市场”中的“我有货源”

在此顺便介绍一下“批发市场”的另一个功能——“我有货源”（页面的右上角）。如果你有批量出货的能力，也想入驻批发市场，或者是想招代理，就可以通过它成为“口袋购物”微店平台“批发市场”中的一员。点击这个按钮，你就可以出现在“批发市场”里了（见图2-4）。

有一点值得注意，在点击“我有货源”后，店主需要用电脑登录微店网页版，才能申请成为“批发商”。

目前，除了口袋购物之外，开旺铺、喵喵微店、口袋通、微店网也有该功能。另外，该功能在口袋通名为“入驻”，而微店网则为“供应商入驻”，其操作流程都差不多。

关于批发市场的内容就是这些。对于没有货源、不想存货的店主来说，借助“批发市场”这个功能，既可以分文不花开一家店，又可以免去发货与售后的诸多琐事，可谓省心又省事。

如何添加商品

怎样将你要售卖的商品放进微店中陈列呢？

（1）打开手机界面，点击桌面上的“微店”图标，进入微店的菜单界面，然后再点击“我的微店”（见图2－5）。

（2）进入“我的微店”后，便会看到店铺中的商品展示。例如，微店是经营图书的，就会看到一些图书信息（见图2－6）。在这个页面中的右上角，有一个“添加”按钮。如果想要添加商品，点击它即可。

（3）这时候就正式进入“添加商品”环节了。是不是感觉这个页面很熟悉呢？是的，跟我们平时注册QQ、微信时的填写资料页面十分相似（有头像，有名称）。这时你需要点击虚框（见图2－7）。

图2－5　口袋购物主页“我的微店”

图 2-6　口袋购物微店中的商品展示

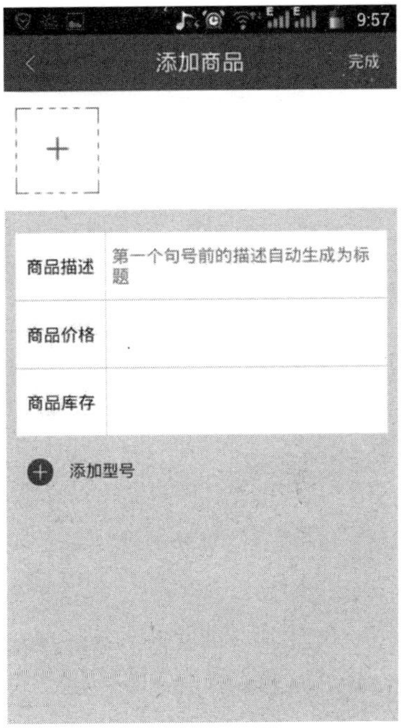

图 2-7　“添加商品”页面

（4）点击虚框之后，页面就会直接转到了手机里的图库（自有商品照片需提前拍摄完成），从中选取你要上传的商品图片（见图2-8），然后点击“完成”即可。当然，如果自己没有货源，就需要提前向供应商索要商品图片。

（5）商品头像设置完之后，就会自动返回到添加商品页面。接下来继续填写商品资料（见图2-9），其中包括商品描述、商品价格、商品库存。另外，还能添加商品型号。比如，如果是服装类商品，可以添加尺寸等信息。

资料填写完整后，点击“完成”即可。

图 2-8　上传商品图片

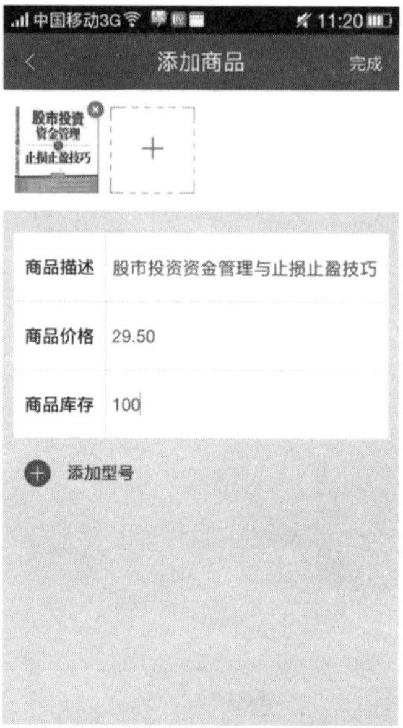

图 2-9　编辑商品资料

（6）到这里，商品添加环节就完成了（见图 2-10）。有一点值得注意：商品添加完成之后，不要忘了点击“分享”，把商品分享到各种社交平台上（见图 2-11），让更多的人了解商品的信息。

（7）分享完毕后，页面会自动跳转回“我的微店”页面，这时候就会看见刚刚上传的商品出现在微店里（见图 2-12）。

按照上面的步骤，将商品一件件添加到自己的微店中，这时微店开始逐步进入经营状态。

图 2-10　商品添加成功

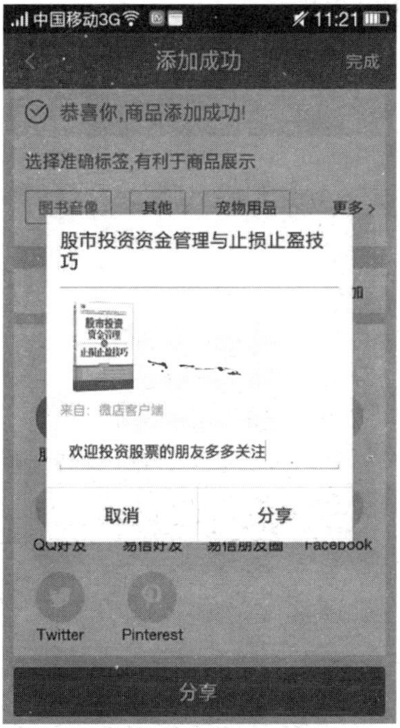

图 2－11　商品分享

图 2－12　添加的商品出现在“我的微店”中

最后说明一下，目前市场中常用的微店 APP 的商品添加，在功能设置与操作流程上大同小异。

养成商品预览的习惯

添加完商品之后，为了保证商品的最佳展示效果，店主最好对商品进行预览，看看商品展示有没有缺陷。例如商品名称是否完整，商品头像是否清晰，等等。如果发现有缺陷与瑕疵，你可以及时修改，使之更加完美。

下面我们以一家专营图书的微店为例，讲解如何对商品进行预览。

（1）当商品添加成功后，点击商品头像（或者头像右边区域），进入商品预览页面。

（2）在商品预览页面，店主可以对商品的基本信息进行细致预览。以《现货黄金投资技巧》这本书在微店中的展示效果为例（见图2－13、2－14、2－15）。

（3）细心的店主可能注意到了，在预览商品页面的下方，还有几个功能按钮，我们从左至右了解一下。

最左边有一个放大镜，它是用来搜索微店任意商品的，只要在输入框中输入关键字，就能够搜索到相关商品。

紧挨着“搜索”按钮的是“商品分类”。点击后会便可以看到微店对应类别的所有商品。

如果在预览之后没发现什么问题，直接点击返回即可；如果发现内容有问题，应当对商品信息进行重新编辑。

对于店主来说，应该养成商品添加后立即预览的习惯，这样可以保证所有商品的展示效果都能达到理想效果。

图2－13　商品基本信息（1）

图 2－14　商品基本信息（2）

图 2－15　商品基本信息（3）

微店商品如何分类

当微店中的商品添加到一定数量之后，如果不采取科学有序的管理，会让商品看起来杂乱无章。这时，商品分类功能就派上用场了。

（1）进入“我的微店”页面，点击“分类”按钮（见图 2－16）。

（2）进入“分类”列表，微店的商品类别便会显示在页面中。这时候我们会看到排在第一位的是“未分类”商品，下方还会显示未分类的商品数量。

点击“未分类”，开始对未分类商品进行分类（见图 2－17）。

图2-16 “我的微店”页面

图2-17 对商品进行分类

(3) 进入“未分类”页面，会看到还没有被划分类别的商品。点击商品信息展示下方最左边的编辑按钮，就可以对商品类别进行编辑了。

(4) 进入“编辑商品”页面，页面会显示出该商品的基本信息，包括：商品描述、商品价格、商品库存。在这些信息的下方板块里，有一项“分类至”功能，点击后即可对商品进行分类。

(5) 点击“分类至”后，便会看到商品类别选项。每一个类别的右边，都会显示出该类别商品的数量。选择符合商品的类别，点击左边小圆圈，成功后会显示一个红色对勾，点击“确定”即可(见图2-18)。另外，如果没有找到符合商品的类别，还可以通过下方的“新建分类”功能建立商品类别。

完成商品分类后，回到“编辑商品”页面，会发现“分类至”功能的右边从“未分类”已经变成了商品所在类别，点击右上角的“完成”即可。

需要提醒的是：如果操作量小，可以用手机。如果操作量大，最好用电脑进行批量处理，这样会更加便捷。

商品分类成功回到主页后，还可以对刚才的商品分类进行查看。这时候只需点击商品从属类别即可。比如，我们可以点击“投资”一栏，对刚才编辑的商品进行查看（见图 2－19）。

对商品进行分类，和超市分类摆放商品的道理一样，便于顾客选购，从而提升店铺销售业绩。

图 2－18　选择商品类别

图 2－19　商品所在类别

让更多的人看到商品

完成了商品添加、商品预览和商品分类之后，商品的上传工作就完成了。

看见商品美美地展示在微店中，不用说，你的心情也一定是美美的。不过，只有你对微店的商品感兴趣是没有用的，重要的是让更多的消费者感兴趣。而你只有先把商品分享出去，让更多的人看到，才有可能引起他们的兴趣。

如何将微店里的商品分享出去呢？

一般来说，微店的商品分享主要是通过各种社交软件实现的。下面向大家介绍商品的分享方法与渠道。

（1）打开微店主页，进入“我的微店”后，会出现微店的商品展示（见图2－20）。

图2－20　微店的商品销量排序

（2）在每一件商品的下方有三个图标，从左至右依次是“编辑”、“复制链接”和“分享”。点击右下方的“分享”按钮，我们就可以看到很多社交软件的标志（见图2－21），包括微信（好友）、微信朋友圈、QQ好友、QQ空间、新浪微博，等等。这些都是微店商品的重要分享渠道。

（3）点击社交软件的图标（一次只能选一种），就可以把商品分享出去了。

我们以微店的某本书为例。选择微信平台分享之后，再输入“分享内容”，然后点击“分享”便可。

成功分享商品后，页面会显示“已发送”。同时页面还会有两种提示：返回微店客户端或留在微信（见图2－22）。

图2－21　微店商品的分享渠道

图2－22　将商品分享给微信好友

当你把商品通过各种社交平台分享出去之后，你的各种“朋友圈”的粉丝都会收到这条信息。

在上面提到的各种社交平台中，微信朋友圈相对来说是最有质量的分享渠道。与 QQ 以及其他分享方式不同，在微信朋友圈里看到微店分享的商品的人，大多都是店主的粉丝，这些粉丝的活跃度、对店主的信任度都较高，因而转化为顾客的几率也较高。

另外还有一些分享渠道，比如 QQ 好友、QQ 空间、易信好友、易信朋友圈、新浪微博、推特、Facebook，其具体的分享流程跟微信圈一样，这里就不一一赘述了。

如果按分享目标来分，分享渠道可以分为两类：一类是单一分享好友的目标分享，包括 QQ 好友和微信好友这种单个目标的分享方式。另一类是将商品放到某个页面进行展示，包括个人中心、朋友圈这种个人的社交空间。

当然，一对一发送给好友进行商品分享更具有针对性，但缺点是分享范围过窄。个人中心或者朋友圈等正好相反，针对性不强，但分享范围比较广。店主可以将这两种分享类别组合运用，既定点捕鱼，又广种薄收。

另外，微店平台的“卖家市场”功能里还有个“转发分成”，同样是用来分享商品的。这个只能转发分享其他微店的商品，帮别人吆喝生意。如果带来业务，可以赚取佣金。

淘宝店主看过来

微店的崛起，让一些淘宝店主心里痒痒的。一些淘宝店主自然也想从中分一杯羹，反正不要花什么本钱，本身又在做电商，多开辟一个阵地就多一个机会，何乐而不为？

淘宝店主开微店，会涉及到一个现实问题：搬家。

和现实中的搬家一样，电商网店搬家，也涉及到各种商品的图片、信息的转移，多少有些麻烦。好在口袋购物和口袋通微店为淘宝店主特别设置了一项功能——“淘宝搬家”，能帮助淘宝店主将自己淘宝店内的商品，一键搬进微店中。没错，一键搞定，方便又快捷。

下面，我们以口袋购物为例，简要介绍一下一键搬家的操作。

（1）打开“微店”。在微店页面，点击“设置”按钮。在设置页面中有“淘宝搬家助手”，点击它。

（2）自动链入淘宝会员登录页面，淘宝店主需要填写手机号码（或淘宝会员名）以及密码，然后登录。登陆 5 秒钟后，页面会自动跳转。

（3）跳转到淘宝搬家助手页面（见图 2－23），店主会看见有两种搬家方式：快速搬家和普通搬家。

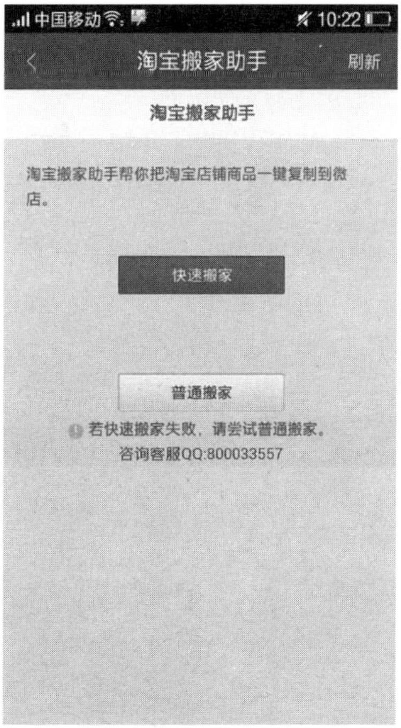

图 2－23 “淘宝搬家助手”页面

若你想快速将自己的店铺搬家至微店中，可选择“快速搬家”，然后点击“确定”，然后便可进入搬家状态，24 小时内会完成全部操作。

如果店主拥有不止一家淘宝店，还想将其他淘宝店也搬进微店，这时候直接点击“再搬一家淘宝店”即可。如果淘宝店铺新增了商品，点击“更新”，即可将更新的商品同步到微店中。

在进行快速搬家时，如果你的淘宝店设置了账号保护，则需要登录淘宝店，将淘宝账号保护取消，才可以继续进行搬家。

具体流程为：登录淘宝→我的淘宝→安全设置→操作保护设置→登录

保护，暂时关掉登陆保护就可以了。

下面再说说普通搬家。

如果你早已将自己的淘宝店搬到了微店中，现在只是想把淘宝店中的某些商品同步到微店中，那么可以选择“普通搬家”。

普通搬家主要有三个步骤：生成序列号→确认店铺→开始搬家。

点击“普通搬家”，页面会自动生成一个微店序列号（见图2－24）。然后你就可以到淘宝网的卖家中心去修改或发布宝贝。在宝贝的标题中，把刚才生成的序列号填进去。

填写完序列号后，预览此宝贝（见图2－25），并将此宝贝在淘宝上的ID记下来。

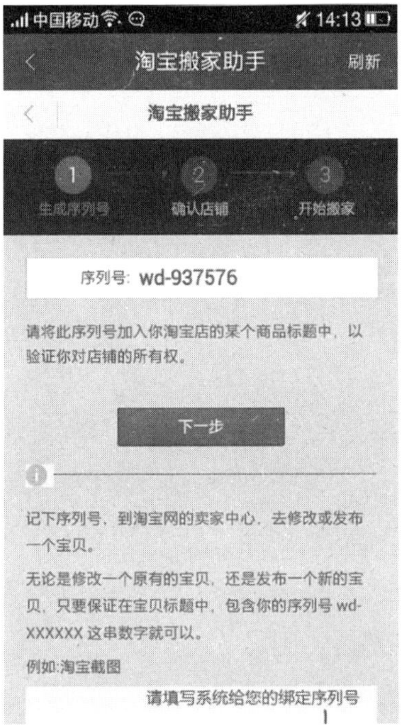

图2－24　生成序列号

图2－25　预览宝贝

然后返回到淘宝搬家助手页面，点击红色按键“下一步”，进入“确认店铺”页面（见图2－26），输入商品ID，点击“验证”，就开始自动搬家了。

图2－26 “确认店铺”页面

24小时内，搬家操作将全部完成。搬家成功后，进入微店，你就会看到所搬家的商品了。

总的来说，“淘宝搬家助手”使用起来非常方便。

但是从淘宝搬家到微店，只能将商品图片和宝贝标题搬到微店中，商品详情页是搬不过去的。因为口袋购物平台商品只显示图片、名称和价格。

另外，目前只有口袋购物平台和口袋通平台具备淘宝一键搬家到微店的功能。当然，各个微店平台都在不断地升级与完善之中，相信未来一定会推出更贴心的服务。

案例：10岁小女孩也能开微店

2014年4月，一名美术学院的大学毕业生在朋友圈里，发现自己的好友开了一家微店。他进入店铺后，惊奇地发现店铺里展示的商品创意十足。这些样式不同的美术工艺品，有些属于色调明亮、色彩奔放的印象派画风，有些属于靠线条与形状凸显美感的立体派风格，商品的售价从十几元到百元不等（见图 2－27）。

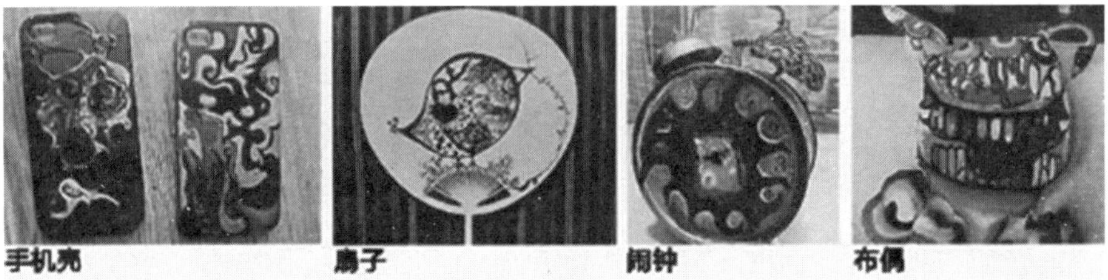

图 2－27　桑妮的作品

这些作品的名称后面，都标注有作者的年龄。比如："花园城·布面马克笔·7 岁""对视·丙烯·10 岁"，等等。他对此感到非常不解，便主动询问好友个中缘由。结果令他大吃一惊，原来这个微店是由好友年仅 10 岁的女儿经营的，店铺里的所有作品均出自小女孩一人之手。

这位大学毕业生顿时惊呆了：没想到一位 00 后小女孩，竟然如此新潮，连电子商务都会玩。当天，他便花 150 元买下了第一眼就看中的一幅马克笔画。

扇面，马克杯，T 恤……在这些物件上添加一些创意画，将其打造成独特的美术手工艺品——这一创意出自于一位名叫桑妮的 10 岁小女孩。

桑妮利用风靡互联网的微店平台，开启了属于自己的"创业"之路（虽然在注册微店时，桑尼使用的是妈妈的身份证，但法定代表和所有人却是桑尼自己）。

桑尼妈妈是一位画家，每天都会在画室里画画。生于 2004 年的小学生桑妮，每天放学回到家的第一件事，就是跑进妈妈的画室里整理画作。别看她年纪不大，说起话来却俨然一个小大人，甚至还有一副成功商业者的姿态。桑妮平时比较安静，不过每当自己卖出去一件作品时，她就像只小猴子一样，高兴得手舞足蹈。

或许是因为遗传，或许是从小受到妈妈的影响，桑妮从小就喜欢画画，妈妈也非常支持桑尼的这一兴趣。不过，让妈妈没有想到的是，在画画之余，女儿竟然还利用这一技之长做起了生意，并且获得了“小小”的成功。

那么，10 岁的小桑妮是如何做到的呢？下面我们一起来看看小姑娘的“创业史”吧。

1. 从手工绘画看到商机

市场上一直流行各式各样的手机外壳，每天放学回家，桑尼都能在街边地摊、周边商铺看到这些产品。颇具商业头脑的桑妮发现其中的商机后，便让妈妈在网上订购了一些苹果手机壳，然后自己在上面进行绘画。第二天，她便拿出其中的 5 个手机壳去学校，结果很快便被同学们抢购一空。

舅舅即将过生日，桑妮买了两只马克杯，在上面画了两幅图案，作为生日礼物送给舅舅。舅舅看到这份特殊的礼物后非常喜欢，至今还将这两只马克杯当宝贝一样收藏着。

经过这次“内测”之后，看到如此多的人都喜欢桑尼的画作，母女俩便萌生了正式售卖创意绘画的念头。当时正值微店兴起时期，母女俩便借助微店这个平台做起了生意。

2. 人气小物件穿上“画衣”

桑妮的妈妈毕业于四川美术学院，她既是桑妮的妈妈，同时也是桑尼的老师。

桑尼从小受到美术的熏陶，喜欢什么就画什么。由于妈妈是画家，家中诸如颜料、画笔、画板等，都是现成的，这些都为她绘画提供了便捷的条件。其他材料，比如 T 恤、马克杯、扇子等，都可以从网上轻松买到。

自从开了微店，桑妮画画的热情异常高涨，只要完成一件新作品，母女俩就会立即拍照，分享到朋友圈里。每次都会有很多亲朋好友来捧场。

实际上，小桑妮对畅销商品的选择也非常在行。只要她发现有些小物件拥有非常高的人气，都会在第一时间将其买下，然后结合自己的绘画进行二次设计，最后放到自己的微店平台上进行销售。

3. 一个月卖了 1270 元

开店仅 1 个月的时间，小桑妮就靠售卖丙烯画和马克杯画，入账 1270 元。刨除成本，获得纯利 800 多元。虽然钱不多，不过这是一位 10 岁小女孩通过微店创业获得的收入。

在桑尼妈妈看来，小店经营的并不是纯粹的商品，而是一件件艺术品，更是女儿的希望和梦想。作为家长，桑尼妈妈决定一直尊重并支持女儿的爱好和选择，并且还会帮助女儿一起将微店一直经营下去。

80 后已为人父母，90 后已步入职场，而 00 后将面对纷繁复杂的网络环境。在网络世界里，他们已不再只是游戏和娱乐，互联网或将成为他们的新“战场”。

桑尼的微店经历和经验，必然会为这些“小创业者们”提供一些学习和借鉴的内容。

第三章

推广管理：**打造**
精准传播**关系链**

对于微店的整个经营过程来说，推广的重要性不言而喻。没有给力的推广，就欠缺足够的流量，欠缺足够的流量，销售额怎么上得去?

微店的推广方式有很多，可谓五花八门，各有特色。要想让推广取得理想的成效，惟有“十八般武艺，样样精通”，才能笑傲江湖，名扬天下。

微店的推广要不断玩出新花样，才会有更好的发展前景。墨守成规或生搬硬套地模仿他人的点子，终究是跟在人家屁股后面走的把戏，结果总是慢他人半拍，店铺经营很难有起色。

如何获得第一批顾客

俗话说：万事开头难。如何快速获得第一批顾客，是微店经营的难点与重点。

如果长时间没有一个订单，相信很多人的信心与激情都会消磨殆尽。而是否能够快速获得第一批顾客，和推广工作是否到位有很大的关系。

一般来说，只要做到以下几点，就可以为微店轻松搞定第一批顾客（见图3－1）。

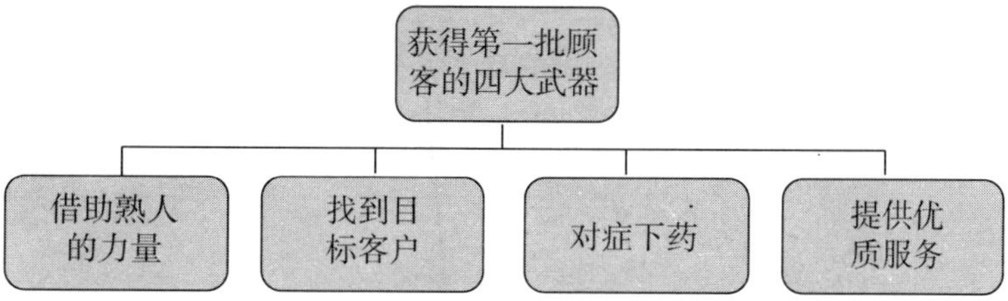

图3－1　推广获得第一批顾客的四大武器

1. 借助熟人的力量

在微店经营初期，仅凭店主个人去进行推广，是很难打开局面的，因为一个人的社交圈子毕竟有限。如果借助熟人来帮助自己进行推广，乘积效应就立刻显示出来了。

我们说的“熟人”，包括亲戚、朋友、同学和同事等。向他们提出请求，一般不会被拒绝。即使是一般的熟人，也可能会“礼貌性”地帮你在他的社交圈（QQ、微信、微博等）转发你的店铺或商品链接。关系亲近的人，还会通过更多的渠道帮助你进行推广。

当然，这些熟人中，也会有人直接变成你的顾客，之后在为你推广的时候，他们会加上自己的用户体验，这样会让推广变得更为可信。

需要说明的是，熟人是为了支持你而购买商品，他们不能视为真正意义上的第一批顾客。

根据美国著名推销员乔·吉拉德总结出的“250 定律”，每个人所认识的熟人大约有 250 个左右。你想想，如果你的熟人中有 10% 帮你大力推广，熟人的熟人中又有 10% 的人帮你推广……雪球滚下去，其体量有多大！

当大家都来帮助你进行微店推广时，每个转发推广信息的人的社交圈子相互叠加，必然会让更多的人知道你的微店，第一批顾客说不定就会从中产生。

2. 找到目标客户

撒大网不一定能捞到鱼，只有选对水域，才能网到更多的鱼。推广工作也是一样，如果你只是在漫无目的地推广你的微店和商品，可能会迎来第一位顾客，但是很难迎来第一批顾客。

微店推广的关键，是要找到需求目标，这就要考察店主以及帮助店主推广的人的观察力了。

在推广之前，店主应该对自己所在的社交圈里的好友进行认真分析，从其发布在个人中心和朋友圈中的照片，以及各种生活片段中，找到对你的商品感兴趣或有需求的人。有了目标客户之后，推广的效果就会大大提高。

同时，你也需要有目的地逐步建立你的目标客户群。如做户外装备的店主，就应该多“混”户外论坛、QQ 群、微信群，从中寻找更多的目标客户。

3. 对症下药

通过分析，掌握朋友圈中的好友对哪些产品有需求。如果是关系比较熟的好友，可以直接询问。当确定了客户的消费需求之后，就可以对症下药，有针对性地进行相关商品的推广和介绍了。

推广的方法有很多，可以通过微信，也可以通过短信。无论你借助哪种渠道，都要把产品清楚、简洁地介绍给对方。

如果客户本身对这种商品确有需求，再加上是圈内好友的推荐，则购买率会相当高。

利用微店自有的推广功能

说到推广管理，微店本身自带的推广功能也是相当强大的。这些微店自带的推广功能，是最基本的、不可忽略的推广方法。微店开张之后，各位店主要利用好这些微店自带的推广功能。

下面，我们就以“口袋购物”微店平台的推广功能为例，带领大家一探究竟。本书之所以多处都用“口袋购物”作为演示案例，是因为该平台比较具有综合性与代表性。

打开“口袋购物”微店平台的客户端，点击“我要推广”，就能看到该微店平台的三大推广功能：友情店铺、分成推广和口袋直通车（见图3－2）。下面分别为大家做介绍。

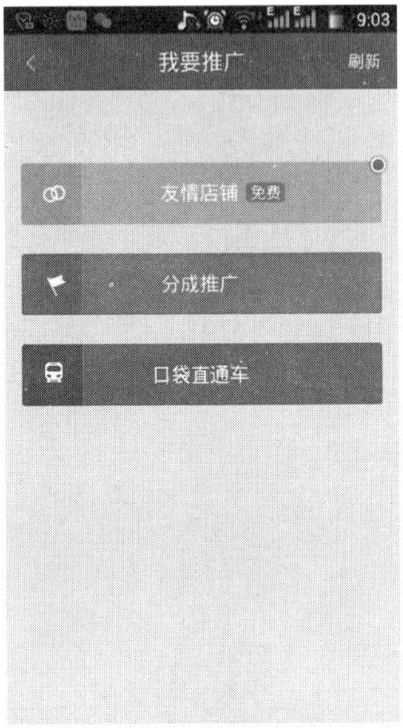

图3－2　“我要推广”

1. 友情店铺

（1）点击“友情店铺”，进入该功能的“添加”页面。在这里，我们能够看到很多类型的店铺。

你在看到自己中意的店铺后，可以进入该店铺查看详情。如果确定想要与其成为友情店铺，可以点击右边圆形按钮进行添加（见图3－3）。

图3－3　添加友情店铺

添加友情店铺后，需要等待对方验证。当对方通过验证申请后，你们便成为了好友，可以互相免费推广店铺。

（2）点击页面下方的“管理”按钮，可以进入到友情店铺的管理页面。点击友情店铺右边的圆形按钮，可以选择随时删除好友。

同时，各位店主还可以点击“切换自动管理友情店铺”，自动管理友情店铺，友情店铺为自己带来的用户数便可一目了然（见图3－4、3－5）。

图3－4　管理友情店铺

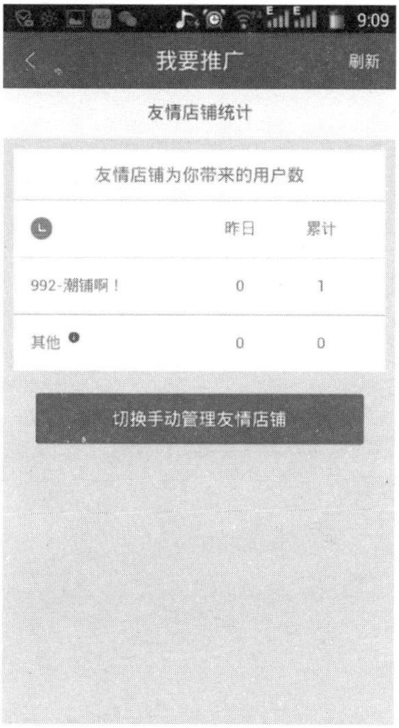

图3－5　自动管理友情店铺

（3）接下来，让我们切换成手动管理友情店铺。这时候回到“管理”页面，点击页面下方的“统计”按钮，便又进入到了友情店铺的统计页面（见图3－6）。这个页面能够帮助店主统计友情店铺为自己带来的用户数，包括昨日人数和累计人数，让店主随时了解友情店铺在自己店铺的推广活动中发挥的作用。这个和自动管理友情店铺的页面类似。

（4）点击页面下方的“动态”，进入友情店铺的动态页面（见

图3－7)，该页面会显示出所有想要和你成为好友的店铺动态。你可以点击右边的“接受”按钮，便可和相应的店铺成为友情店铺，然后互相推广店铺，实现互利双赢。

图3－6　手动管理友情店铺

图3－7　友情店铺邀请动态

在微店起步期，应该尽量多加好友。但做到一定规模后，就需要综合考虑对方的价值——如果对方是你的竞争对手，或者对方给你带来的广告效应远远低于你给予对方的，或者对方给予你的佣金太低，那么就有必要点“拒绝”了。

2. 分成推广

所谓分成推广，就是你的粉丝深度参与到你的微店推广中来，成为你的分销商。分销商把店主的微店链接或某件商品的链接分享给他人，相当于是你的分店。分销商数量越多，你面对的潜在客户就越多，你的生意自然也会越兴旺。下面介绍分成推广如何操作。

回到“我要推广”页面，点击“分成推广”，便可进入相应页面（见图3－8）。“分成推广”包括查看报表、修改佣金比例以及取消分成推广三项功能。

（1）查看报表。点击“查看报表”，进入相应页面（见图3－9）。查看报表包括两部分内容：累计支付佣金和推广成交金额。微店的佣金支付与回报获取的对比情况，通过这两项数据能够清晰地反映出来，店铺的推广工作是否见效一目了然。

图3－8 分成推广

图3－9 分成推广报表

（2）修改佣金比例。返回“分成推广”页面，点击“修改佣金比例”，进入相应页面，然后在输入框内选取合理的佣金比例，点击“确定”即可对佣金比例进行确认（见图3-10、3-11）。

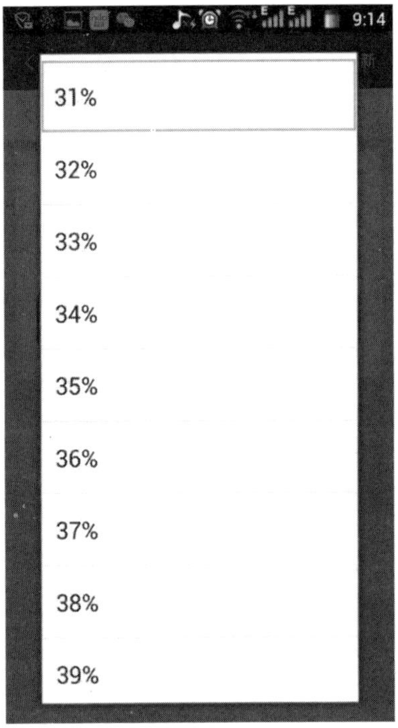

图3-10　在输入框内设定佣金比例

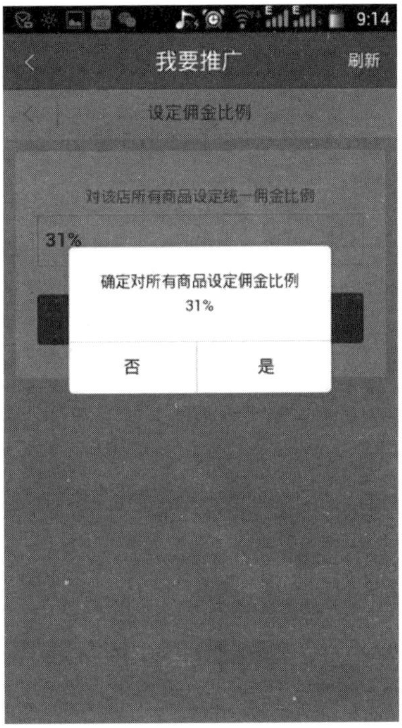

图3-11　确认佣金比例

佣金比例设置完成后，即可在“分成推广”页面上看到该佣金比例。如果店主想查看过去一段时间内店铺的佣金信息，可以点击“查看佣金”，进入“分成推广报表”查看。

同时，店主可以通过点击“修改佣金比例”，随时修改，调整店铺推广工作的节奏与力度。

如果商品利润本身比较丰厚，或者推广效果不大，就可以通过调高佣金，以吸引更多的店铺参与推广；如果商品利润本身不高，或者推广工作已初见成效，就可以适度调低。

佣金比例设置完成后，进入到微店页面，点击“分享”，就可以将自己的店铺一键分享到微信、朋友圈、QQ 等社交平台（见图 3 – 12）。

比如，将微店分享到自己的 QQ 中，选定其中一位好友，然后写几句文字，再加上一些表情，评论一下自己的店铺，然后点击“发送”，便可成功分享（见图 3 – 13）。

图 3 – 12　通过各种社交平台分享店铺

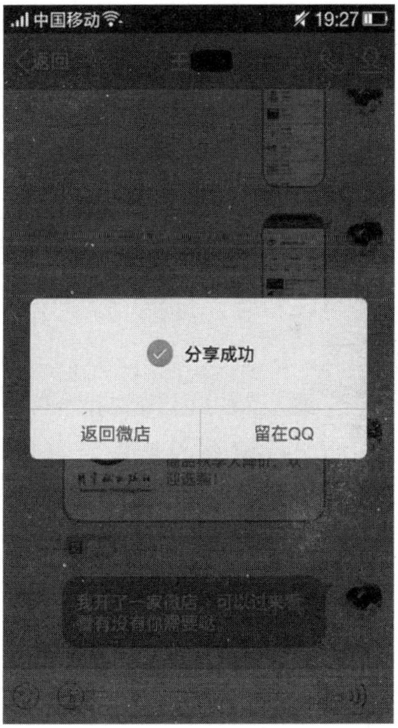

图 3 – 13　分享成功

当你将自己的微店链接通过社交平台一键分享给自己的好友或粉丝后，大家就可以通过链接进入到你的店铺。如果你的佣金足够吸引人，就会有人愿意成为你的分销商，帮助你推广店铺。

分成推广是一种多赢的推广模式，运用得当，能让你迅速获得大量顾客，一举打开销售局面。

（3）取消分成推广。当店铺的点击率达到了一定的稳定程度，分成推广已经不再发挥作用，或者其作用已经微乎其微，店主没有必要再付出这笔推广投入，这时候店主就可以取消该功能。

具体操作很简单，点击“取消分成推广”，页面会显示“是否取消分成推广”的提示。选择“否”，继续使用该功能；选择“是”，则表示放弃该功能的使用（见图3－14）。

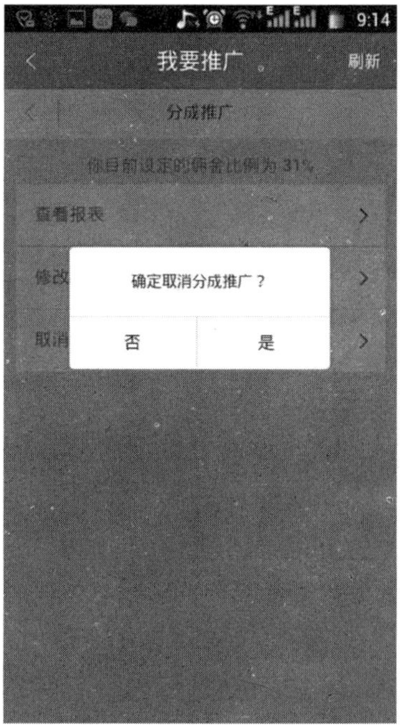

图3－14　取消分成推广

这项功能可以随时取消，也可以随时开启。如果在取消分成推广功能之后想要重新开启，只要按照第一次开启时的流程重新操作一遍即可。

3. 口袋直通车

返回“我要推广”主页，点击“口袋直通车”，进入如下页面（见图3－15）。

口袋直通车是为各位店主量身定做的一种按点击效果付费的营销工具，能够对店铺商品进行精准的推广。不过，开通口袋直通车是要满足一定条件的：开通担保交易；在售商品数不少于5件；最近30天成交笔数不少于5笔。另外，开通口袋直通车的操作需要在电脑上进行，非常简单，因此不再赘述。

口袋直通车推广以多元化形式进行，会在口袋购物搜索、编辑精选频道、猜你喜欢等展示位中露出。同时会根据买家的搜索浏览习惯，随机投放在与之匹配的商品类别中的首要位置。

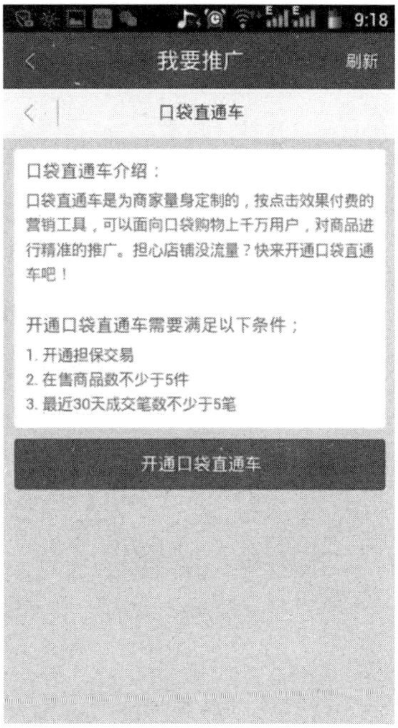

图 3-15　口袋直通车

口袋直通车的推广，不单单只是看谁付的钱多，同时还会结合店铺的商品质量和综合实力来进行推广。

另外，口袋直通车是为口袋用户的好商品获取更大流量的一个工具。如果你的商品的销量和收藏都很高，则可以通过开通口袋直通车来获得更多的流量。当你的商品不受欢迎时，开通口袋直通车也未必有效。所以，新开的微店没有必要开通直通车。

以上就是口袋购物自带的三大推广功能，其他的微店平台也都大同小异。

在这三种推广方式中，除了友情店铺推广是免费的（即便对方带来交易也不用支付佣金，因为是互相推广），分成推广和口袋直通车都是需要付费的，因此要根据自己的实际需求和实际能力来进行选择。

如何利用微信公众号进行推广

微店推广需要“十八般武艺，样样精通”。光学会微店自有的推广功能，只不过是懂点基本功而已，尚不能在江湖上扬名立万。

一般来说，推广一般分为线上和线下两种。线上推广主要是指通过互联网向广大粉丝推广产品，线下推广则是指以广告的形式向消费者宣传产品。

线上推广只要自己勤奋，肯动手，基本上可以做到零成本推广；线下推广成本相对较高，设计费、制作费、发行费加起来，都是一笔不小的开支。

对于小本创业的微店店主来说，线下推广基本不现实。因此还是多动手动脑，将精力主要放在免费（或相对低廉）的线上推广上吧。

一般来说，微店常用的互联网线上推广渠道有如下几个（见图 3 - 16）。

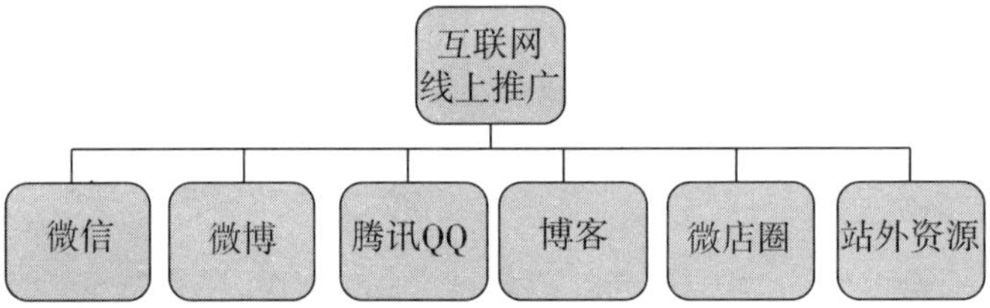

图 3 - 16　互联网线上推广渠道

首先我们来谈一下微信的推广方式。

各位微店店主，对于微信应该都很熟悉，有不少也关注了一些公众号。微信公众号分为订阅号和服务号，订阅号每天可以推送一条消息，而服务号现在每月可推送四条。

微店的诞生和微信有着密不可分的关系，凭借强大的用户基数和微店分享的高转化率，微信顺其自然地成为了微店推广最主要的阵地，而微信公众号的推广成绩是最突出的。

许多微信用户都“稀饭”通过微信公众号进行搜索，以找到自己想要阅读的信息。一旦用户订阅该公众号后，便会经常阅读和分享公众号推送的内容。所以用微信公众号来进行微店推广，是获取粉丝的重要途径。此外，通过微信公众号与粉丝互动交流，也是很方便的。

图 3-17　微信公众号里的“设置”选项

如何利用微信公众号来获取粉丝呢？

(1) 登录微信公众账号平台，点击“设置”（见图 3-17）。

(2) 这时候，“设置”下方会弹出三个选项——账号信息、公众号助手和安全中心，点击其中的“公众账号助手”（见图 3-18）。

(3) 进入公众号助手设置页面，在“个人微信号”的输入框里，输入自己已有的微信账号，点击绑定（见图 3-19）。随后，手机会收到一条公众号助手发来的确认信息。

(4) 打开手机，登录已绑定的微信账号，选择“通讯录”并点击里面的“服务号”选项（见图 3-20）。

(5) 在服务号里面找到“公众号助手”，点击进入相应页面（见图 3-21）。

如何利用微博进行推广

微博是一个用户基础极为庞大的线上社交平台，有着数以亿计的活跃用户。微博用户可以以文字、音频、视频等多种形式直接发布微博以及长微博，凭借一定的粉丝数量以及转发率，微博内容便可以在互联网上得到迅速、广泛地传播。

微博的这一传播特性，为微店店主推广产品提供了大好机会，很多店主利用微博平台进行营销推广活动，都收到了不错的效果。

如何利用微博进行推广呢?

（1）进入“我的微店”，点击商品右下角的“分享”按钮。

（2）点击“分享”按钮后，页面会跳出很多社交软件的图标，选择其中一个，如选择“新浪微博”，点击即可完成分享。

（3）分享后，商品推广信息便可成功显示在微博首页。

上面便是微店商品在微博上的推广操作步骤，非常简单。

微店店主在做微博推广时，不付费的方式大致有两种：一是自己建立个人微博进行推广，二是去一些人气超强的名博，以评论的形式做推广。

前者需要注意的是，微博开通初期，需要在内容上多花心思，多发一些大家喜闻乐见的原创贴或转帖。不要整天张贴“牛皮癣”一样的硬广告，即使是软广告，也不要太密集。总之，先把人气提升上来，之后再去做广告。一般来说，这个提升人气的过程是缓慢的，店主需要耐心经营。

后者则是在微博大V们的微博下，发表带有推广性质的评论。依托大V的大树，你的评论同样具有较高的浏览率。但是，这类推广依然需要做得自然巧妙，否则你的用户名很可能被大 V 们拉黑。

如何利用 QQ 进行推广

QQ 是目前用户最多的线上社交平台，也是最早的网络推广工具。进行微店推广，比较有效的是 QQ 群、QQ 相册这两个推广工具。

1. QQ 群

俗话说：物以类聚，人以群分。数不清的 QQ 群，每一个都有较为鲜明的个性特色。有的以“读书”为主题，有的以“茶文化”为主题，也有的以“驴友”为主题……在进行 QQ 推广时，先要找准自己所售卖的商品与哪种 QQ 群相匹配。比如销售图书、茶叶与户外用品的三家微店，当然是分别对准那些以读书、茶文化、驴友为主题的 QQ 群。

如果你自己就是这些 QQ 群的群主或管理员，那么适度在群聊时打点广告也没关系，顶多有个别人看不顺眼而退群。

如果你不是群主，也不是管理员，那么就要注意推广的方法方式了。不要一进去就生硬地打广告，应该先打打招呼，聊点话题，混个脸熟，然后再委婉一点儿带出自己的广告（见图 3－24）。这样就不会让群友产生反感，也不会被管理员给踢出去。

如果你没有自己当群主的 QQ 群，那么最好还是建一个。将目标客户、新客户、老客户统统拉入你的群。

平时你可以和他们保持良好的互动，当你的微店新品入驻，促销启动时，就可以在群里进行适度推广。同时，QQ 群也是店主解决售后服务的场所，可以回答顾客的各种疑问，以此建立长久的信任感，增加微店与顾客的粘性。

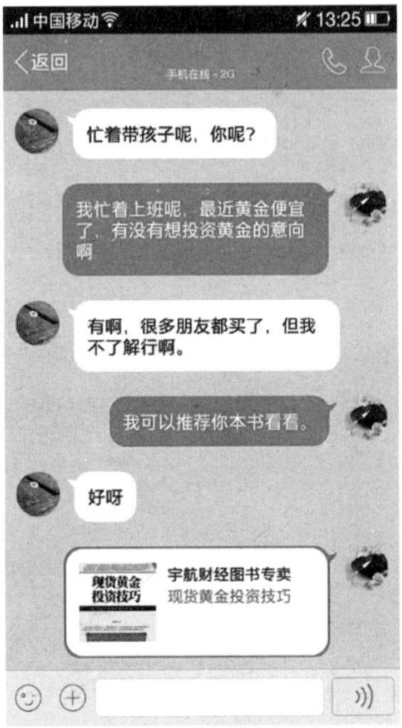

图 3 – 24　QQ 群委婉话术

2. QQ 相册

除了 QQ 群里的推广，QQ 相册也是很不错的推广工具。店主可以将微店商品的图片上传到 QQ 相册中，当网友进入相册时，这种直观地图片推广更容易打动他们的心。

当老顾客看到这些图片时，很可能给你点赞并发表一些正面评论。其他顾客看了评论，自然也会增加购买意愿。当然，若是你的商品让老顾客不满，那么他的负面评论同样会让你很“受伤”——不过，换个角度，你也可以以此为鉴，淘汰顾客满意度不高的商品，提高自己的服务质量。

和微博差不多，QQ 相册也不能成为“牛皮癣”硬广告阵地。因此，你有必要在空间里多发一些与顾客需求有关的知识贴，或与他们品味吻合的文艺贴、搞笑贴。比如做运动用品生意的，关于运动的各种小知识、趣闻，都可以在 QQ 空间发表，以吸引更多的顾客进行浏览，让微店推广更有成效。

其他有效的线上推广工具

除了微信、微博、QQ 这三大线上推广渠道外，还有博客、微店圈以及其他的站外资源。

1. 博客

虽说被新兴的微博抢走了大量用户，但博客还是能凭借其深厚的基础傲立线上推广工具之中。用户可以在个人博客中发布信息，并与他人进行交流。店主可以利用博客来推广微店，将微店的商品信息发布到博客上，引起更多更大的关注。当然，若想要利用博客进行推广，也需要各位店主在内容上多下功夫。

2. 微店圈

微店圈是一个推广微店的独立平台，店主可以将自己的微店提交到微店圈，然后利用微店圈的网站流量来全面展示自己的店铺。当微店提交到微店圈后，会有一个专门用来介绍微店及其商品的展示页面，能够有效地增大店铺的推广力度。

3. 站外资源

除了以上提到的这些推广渠道，还有一些其他渠道可供大家选择，比如微店贴吧、微店论坛等。店主可以在上面发布介绍微店的软文，然后把微店链接粘贴上去，以便那些对微店或商品感兴趣的人可以直接点击链接进入。

另外，“口袋购物”微店平台还有一个自己的推广平台——微店联盟，它通过帮助微店进行推广来赚取一定的佣金。店主可以把自己的店铺提交到该推广平台以获取更多的店铺浏览量。微店联盟包括单品推广、主题推广、关键词推广、频道推广和店铺推广五种推广方式。需要注意的是，微店联盟目前仅支持电脑登录，而且是口袋购物的内部独家推荐，只适用于在口袋购物平台上注册的微店。

总之，每个线上推广方式都有各自的特点，店主们要在实践中多摸索、多总结，逐渐形成一套自己的推广“组合拳”。

打造线下全天候推广兵团

线上有了强劲的推广，线下也不可懈怠。这就像飞机的两个引擎，能够提供强大的推力，让飞机飞得又高又快。

作为零成本或低成本创业的微店来说，依靠各种媒介的宣传广告或举行大型发布会之类的活动，显然是很不现实的。从成本的角度来考虑，最适宜微店的线下推广，是发动你身边的每一个人，你的亲戚、朋友、同事、同学，让他们帮你组成一个全天候、立体式的销售兵团，风雨无阻、日夜帮你推销！

1. 亲戚、朋友

亲戚、朋友可以说是销售团队的“急先锋”。

对于讲究亲情与友情的国人而言，亲戚、朋友永远是最值得依靠的力量。平常遇到点什么麻烦事，谁不是第一个想到亲戚、朋友呢？

现在你创业了，请他们帮自己的微店进行推广和销售，不会耗费他们多少精力，闲暇时顺手通过QQ、微信、微博等社交媒体对微店商品进行宣传推广就可以了，因而往往不会遭到拒绝。

你甚至还可以协助其中感兴趣的人也开家微店，让他们成为你的同盟军或者分销商。

2. 同事、同学

同事、同学可以说是销售团队的“左右侧翼”。

多年的共事经历或者同窗情谊，多少都会建立一定的情感基础。凭借着一定的感情基础，你完全有理由发动他们帮助自己做推广。

闲暇之余，店主不妨和自己的同事、同学坐在一起喝喝茶，聊聊天，分享一下自己的开店心得，并请他们帮自己宣传宣传。

3. 外聘人员

如果你的微店发展到一定的规模，工作量也会随之加大。这时候，你可能需要聘请一些相关的人员，如专业的网络营销人员、销售管理人员，来参与到微店的日常运营活动中。

当这些专业人员加入到微店经营中之后，你的微店的销售团队会变得更加成熟，更加强大。在此基础上，一定能让微店的销售之路走得更加顺畅。

电商狂销季的推广工作

节日是电商的狂欢。从本土的中秋节到西方的圣诞节，能带动电商销售的节日很多。但有些人还觉得不够，还要创造出更多的节日。11 月 11 日，全是“1”，就成了全民疯狂购物的“光棍节”。

全民疯狂购物，意味着电商疯狂销售。作为电商平台的新成员，微店自然也不会错过这些机会。除了大幅提升微店销量以外，店主们还可以利用这个机会沉淀大批顾客，为店铺的发展奠定基础。

具体推广方法如下。

1. 利用海报扫码来吸引粉丝关注

海报是店铺进行宣传的一种常用方法，二维码技术让海报也成为了一个通往店铺的通道。

店主可以利用海报扫码来吸引粉丝的关注，最好是设置一些小游戏，比如说，扫码参与抽奖，或者扫码给予赠品或优惠券等。

当然，得到粉丝的关注后，店主更要好好维护彼此的关系，用微信或其他联系方式与粉丝保持持续的联系。当店铺举行一些促销活动时，一定要在第一时间通知这些粉丝。

随着联系越来越紧密，粉丝对你的店铺的忠诚度和认可度都会不断增加。这样，转化成忠实顾客的概率就会不断加大。

2. 发货短信内添加关注微信提示

电商狂销季，少不了资深“剁手族”的捧场，但也不乏新顾客的体验。

店主在给顾客发送的发货信息中，不妨把自己的微信以及微店的链接一同发过去。这种精准的定点推广，很可能把新顾客变成老顾客。

3. 发货单印刷微信“带参数的二维码”

微信给服务号提供了“带参数的二维码”这个接口，其官方描述如下：“为了满足用户渠道推广分析的需要，公众平台提供了生成带参数二维码的接口。使用该接口可以获得多个带不同场景值的二维码，用户扫描后，公众号可以接收到事件推送。”

如果我们把二维码了解成一段字符，那么“带参数的二维码”就是让商户可以给这串字符添加很多不同的参数标记。在给顾客发货的发货单上，可以把店主个人的微信和店铺的链接设计成二维码印上去。这些参数在被用户扫描后就可以看到附加的信息。

一家销售新疆干果的微店，在发货单上印了针对于这个商品的二维码。告诉用户“用微信扫描发货单上的二维码，永远享受会员价”（这个二维码包含的参数信息有：公众号、商品地址、折扣券或者优惠券）。

要想引起顾客的关注，必须在二维码的设计上花些心思，用一些趣味十足的语言点出利益需求，比如扫码关注微信或微店可以尊享会员特权，或者扫码即可参与店铺抽奖游戏，等等。

一般来说，这种形式大多不会招来反感，反馈率也很不错。据不完全统计，如果店主能够好好地策划和实施，新顾客成为老顾客的转化率会高达30%。

4. 与其他商家联合推广

一个人的能力毕竟有限，如果店主能够联合几个店铺一起来推广，效果会好很多。

在找商家合作时，最好找与自己实力相当而且经营品种相异的店铺，这样大家才能在无利益冲突的气氛下愉快合作。

进行联合推广时，店主们可以一起商量推广的方法。比如，可以将各家的爆款单品列在一张小卡片上，然后把这张卡片粘贴在新老顾客的包裹上。如果顾客有需求，扫码即可购买。或者设置一个带有商品参数的二维码，只要顾客关注并有意购买，均可享受扫码优惠价。这样的推广形式，完全能够实现互利共赢。

让分销商持续帮你吆喝

在微店的经营过程中，很多店主都很努力。但坚持一段时间下来，不少店主会发现，自己的付出并没有得到该有的回报。这是什么原因呢？

其实这是一个老话题，那就是个人与团队的关系。微店有别于其他移动电商平台的一个显著特征就是，它可以发展众多的“下线”，即分销商。分销商可以帮助店主一起来推广店铺和商品，双方共享利益。

众人拾柴火焰高。成功的微店，其商品都有相当一部分是通过分销商的推广最终完成销售的。分销商不是一个人，而是一群人。分销商下面还会有分销商，一层一层向下分流，最终为微店组成了一个组织庞大的分销网络。虽然利润会被各级分销商分走，但是积少成多，利润也是很可观的。

从某种意义上来说，店主与分销商的关系其实和店主与顾客的关系同样重要。因此在做店铺服务时，千万不要忘记了分销商。

服务好分销商有四大关键（见图 3－25）。

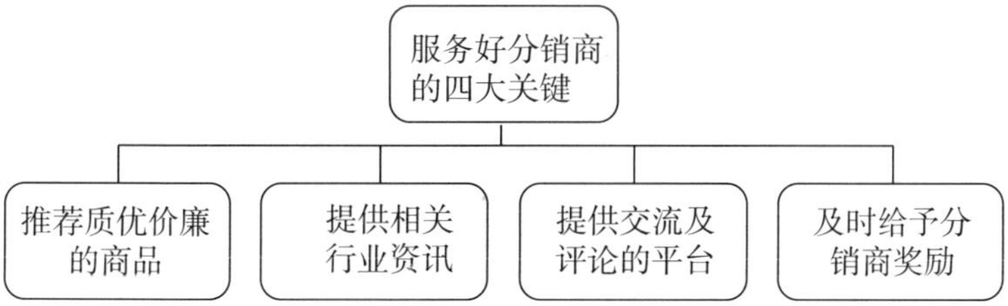

图 3－25　服务好分销商的四大关键

1. 推荐质优价廉的好商品

质优价廉的商品不仅受顾客欢迎，也同样受分销商欢迎。因为唯有质优价廉的商品，才更容易推广出去，分销商才能赚取更多的佣金。

2. 提供相关行业资讯

当手中积累了一定数量的分销商之后，店主会把更多的精力投入到“全局谋划”当中。这时候，店主就应该及时把一些重要的信息分享给分销商，提高他们的“综合素质”。这样不仅有利于分销商更加成熟地进行推广工作，同时还能增加双方之间的信任，为长远合作奠定基础。

3. 提供交流及评论的平台

信任是建立在频繁的沟通和互动之上的。如果想让分销商足够信任你，就要经常与他们进行沟通和交流。在社交平台上建立一个自己和分销商的专属交流社区，如建立一个分销商 QQ 群，就是不错的方法。

在这些专属社交平台上，店主可以跟分销商聚在一起交流推广经验，进行良性互动。这样做不仅有利于管理分销商，而且还能够丰富分销商的推广技巧，提升他们的推广能力。

另外，如果有分销商遇到一些自己解决不了的问题，还可以利用这些平台，让其他分销商一起想办法。

4. 及时给予分销商奖励

虽然分销商在推广成功后可以获得一定的分成，但如果店主能够适当再给予一些额外的奖励，那么分销商必定会更加有干劲，这对于增加店铺的营收是非常有利的。

一般来说，店主可根据分销商所售卖的商品件数以及商品总金额，来制定相关的奖励政策，或者采用适当增加佣金比例的方法。当然，还可以额外单付一笔佣金作为奖金。

这些都是激励分销商继续努力的有效措施，同时也是对分销商为自己的店铺做推广所付出的努力的一种回报。

微店推广效果的评估

一个人驱车在一条陌生的公路上，如果不注意观察前后左右的道路状况，是不是很容易抛出车道，或发生撞车事故？

同理，在微店推广的过程中，如果不注意观察各种状况，随时都可能会走弯路。

要想最大限度地保证“推广”之车平稳地行进在正确的道路上，就需要定期、及时地对推广活动进行评估。所谓定期，可以是一周一次，也可以是一个月一次；所谓及时，指的是一个活动结束后评估一次。前者是常规性的，后者则是根据实际情况而定。

微店的推广效果评估是一个抽象的概念，没有整齐划一的确切标准。一般来说，微店推广效果评估包含以下四个要素（见图3－26）。四个要素里的数据，能够直观地体现微店的销售额和市场占有率提升情况，进而反映出微店推广活动的效果。

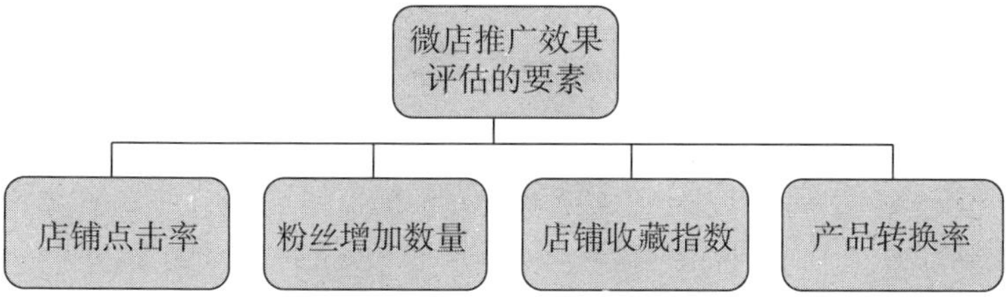

图3－26 微店推广效果评估四要素

1. 店铺点击率

你这段时间的推广工作，有没有提升微店的点击率？提升的幅度有多大？

点击率的多寡，很大程度上决定了生意的好坏。100 个点击率与 120 个点击率可能没有太大的差异，但 100 个点击率与 1000 个点击率相比，其差异是很明显的。

一天增加一点儿，时间长了，自然就会出现量变，直至质变。当然，点击率与销售额之间，还存在一个产品转换率的问题，这一点我们稍后即会谈到。

查询微店点击率很简单，在“销售管理”中，有每日访客来源以及每日访客数量，自动保存一个月。通过对比点击率，你可以分析出很多问题。

例如，这段时期的推广，在推广平台与频率都没有发生变化的情况下，点击率数字突然停滞或者下跌，那么问题就很可能出在文案上——推广文案没有诱惑力，无法吸引人。

又如，这段时间更换了推广平台，主阵地从微博更换到 QQ 群，发现点击率有了明显上升，则说明你的微店很可能更适合在 QQ 群推广。

如果继续深入对比分析，还可以发现：即使在同一个平台，推广效果也有很大区别。比如售卖财经图书的微店，上月围绕“读书”类 QQ 群做推广，本月围绕“炒股”等投资类 QQ 群推广，发现本月点击量有明显增长，则说明你应该舍弃前者而主攻后者。

总之，经常审视微店的点击率，你会发现很多非常有用的推广诀窍，并最终总结出一套行之有效的推广经验。

2. 粉丝增加数量

粉丝数量的多少，在很大程度上反映了店铺知名度的高低。而微店在某个推广阶段所增加的粉丝数量，则可以直接体现微店的推广效果。特定时期的粉丝增长数量大于以前，则证明你的推广效果不错。

另外，你还可以用同一时期的点击率除以粉丝增加的数量所得出的数字来评估推广效果。比如最后得出的数字是100，说明每100个点击给你带来了一个粉丝。如果以前你要用200个点击才能带来一个粉丝，说明问题是你以前店铺内的设计、商品不够吸引人，或者是你以前吸引来的客户质量不高。具体是什么原因，要根据实际情况分析、琢磨，有时甚至需要多次试验去确认。

值得指出的是，粉丝的构成比较复杂。每一家开了两三个月的微店，都难免有不少“僵尸粉”存在，以及不少与售卖商品无关的无效粉丝。所以微店不要单纯地追求粉丝数量，而是要致力于开发有购买倾向的粉丝。

3. 店铺收藏指数

因为喜欢，所以收藏。收藏了你微店的人，大都是你的“死忠粉”。点击“口袋购物”中的“客户来啦”，在店铺名称下可以看到店铺收藏指数。

如果店铺最近被不少粉丝收藏了，说明你的推广还是蛮有效果的。不过，如果是因为你不久前对店铺做了新的设计，或者对商品进行了大的调整，那么收藏增长的原因，也可能是后者的功劳。究竟哪个因素的影响最大，这个需要店主根据实际情况去判断。

4. 产品转换率

说了那么多评判指标，最终还得落到一个根本的问题上：成交量。

在这里，先要普及一个概念：产品转换率。

所谓产品转换率，是指所有到达微店并产生购买行为的人数，和所有到达店铺的人数的比率。计算方法为：转化率 =（产生购买行为的客户人数 / 所有到达店铺的访客人数）× 100%。

通俗地说，产品转换率就是一群人围着你的商品看，最终掏钱下单的顾客在这群人中所占的比例。注意，转换率与销售额以及利润是无关的。

推广的终极目的就是让更多的客户来购买你的产品，形成最终的交易。产品转换率正是推广工作完成的结果。

按理说，前期工作到位了，人气旺了，每天的单子数量应该有所上升才是。但是如果产品转换率从 2% 掉到 1.5%，那么你就要反思微店本身存在的问题：是不是商品不够吸引人，价格没有竞争力，等等。

当然，还有一个可能是：你通过推广吸引来的顾客质量不高——吸引了错误的群体。

以上四个要素，彼此关联度很深，综合在一起互相影响。有时候它们偶尔还会“打架”：粉丝增加了，产品转换率却在下降。这就需要你持续观察，深入分析。只有这样，才会更好地了解不同因素对微店经营的影响，才会更接近推广评估的本质和真相，从而及时调整“行车”的方向，让自己的微店经营得有声有色。

案例：微店达人是怎样炼成的

创业有路勤为径，商海无涯学做舟！

每一个成功者，不仅都是勤于行动、勤于思考的人，也还都是善于学习的人。

它山之石，可以攻玉。让我们来看看那些微店达人们是怎样炼成的？通过他们的创业故事，我们又可以吸收到哪些营养？

1. 哈爸的经典绘本

2014 年 2 月 24 日，哈爸微店开张还不到一个月，当天的营业额却达到了 33152.5 元。第二天仅一个上午，营业额就达到了 14637.5 元。下午两点之前，商品全部售罄。

哈爸原名余春林，曾是一家门户网站图书频道的负责人，之后专职做起了自媒体，后来又在微店上开始销售“经典绘本”，并获得了不错的成绩。不过，哈爸却说自己并不是真正意义上的生意人，那么他是凭借什么把微店经营得如此有声有色的呢?

下面我们就来解析一下他的成功之路。

（1）精心推广，发展粉丝。

哈爸微店成功的第一点就是借力粉丝。在微店出现之前，他一直努力地经营自己的微信公众号，通过发布一些关于亲子教育和家庭婚姻的音频、视频绘本内容和相关文章，推广自己的账号，以此建立、发展自己的“妈妈”粉丝群。

哈爸认为，发布的内容不必非要原创，能够为粉丝们带来一定价值就够了。就这样，一年之后，哈爸的微信公众号的粉丝量达到了3.3万人。

（2）展现魅力，亲近粉丝。

虽然阅读内容很重要，但在哈爸眼里，与粉丝建立关系更重要。

哈爸认为，真诚和用心是通过微信公众号与粉丝建立良好关系的关键。他认为，在微信上发布的内容可以很简单，不一定非得是文章，几句闲谈或许就能将自己的“魅力”展示给粉丝。此外，闲谈的形式也不必拘泥，除了文字，还可以是图片和语音。

就这样，哈爸在“闲谈”之中，拉近了与粉丝们的距离，并与她们形成了良好的互动。不久，粉丝们就开始亲切地称呼他为“哈爸”。

（3）了解需求，满足粉丝。

当粉丝积累到一定数量之后，哈爸决定在公众号上贩卖一些商品。

对于“卖什么”这个问题，哈爸曾做过很多尝试。不过绕了一圈之后，他还是回到了绘本童书上。因为在哈爸看来，必须销售粉丝所需要的产品，微店才能发展壮大。

确定卖什么之后，接下来就是怎么卖的问题了。最初，哈爸只是在自己的微信公众号上销售，从推荐、联系到快递、转账，最后将一本书卖出去，需要一系列繁琐的工序。虽然略显生涩，但哈爸还是创下了可观的销售成绩。更重要的是，在这个过程中，哈爸一点点累积了粉丝对他的信任，为他日后成功经营微店奠定了基础。

（4）积极合作，重视粉丝。

哈爸最初在微信公众号上卖书时，一直在寻找其他合适的开店平台。他曾经尝试过多个传统网店平台，如淘宝、皮皮商城。由于这些平台普遍具有高门槛，最后哈爸都被“拒之门外”。

最后，在粉丝的推荐下，哈爸选择了“口袋购物”推出的“微店”手机应用。仅仅上线一周，哈爸的微店就收入2万元。又过了两个多星期，哈爸微店就创造了日进3.3万元的销售奇迹。

哈爸的成功，其实就是粉丝营销的成功。粉丝的力量是无穷的，粉丝的存在也是很珍贵的。一句话：谁获得了最优质的粉丝，谁就能在微店经营中大展身手。

2. 全职妈妈开微店

晶晶是一位在新西兰生活了近二十年的中国人，是一位在家带孩子的全职妈妈。在开微店之前，和孩子在一起，是她每天全部的生活内容。她觉得能够看着女儿成长，是世界上最幸福的事情。

不过，海外的生活并不轻松，加之自己是全职妈妈，没办法去工作赚钱，所以晶晶一度为此很是苦恼。她不止一次地想：如果能有一份可以一边带孩子一边赚钱的工作，那该有多好啊！

通过一个偶然的机会，晶晶知道了微店这个新生事物。于是，她马上注册了一家微店，取名为“纯净新西兰”。

晶晶开店时，正值微店崛起时期，平台的各种功能都不算很完善，也没有什么资料供她学习，所以一切都需要她“从零开始”进行摸索。就是在这种摸索中，微店的订单日益增多，规模也在不断壮大，开始逐渐走向成功。

晶晶到底是怎样做到的呢？

（1）产品直邮。

微店刚开张时，晶晶就敏锐地抓住了在微店进行交易的关键点：必须获得顾客的关注和信任。她决定在微店上销售一些新西兰产的护肤品、保健品和奶制品，这些产品都是从新西兰直邮到中国的。

“新西兰直邮”这个卖点，很快就得到了很多人的关注和信任，晶晶的微店渐渐积攒起了一些人气。

（2）论坛推广。

对于如何推广店铺和商品这件事，刚开始时晶晶也有些头疼。因为她长期生活在国外，微信里国内的朋友屈指可数。仅靠这几个人，是无法取得良好的推广效果的。于是，晶晶决定重新申请一个微信账号，把之前的国内朋友全部加进来。

在推广自己的微店时，她并没有采用刷朋友圈这种让人反感的方法，而是在一个名为“宝宝树”的论坛里积攒粉丝。

之前怀孕时，她经常混迹于这个论坛，只不过那时候只是一个“旁观者”。而这一次，她主动出击，成为了论坛里的“活跃分子”。

晶晶会在论坛上发起一些具有争议性的话题，来引发网友的兴趣和讨论，然后她便在电脑前开始了自己看帖、回帖的奋斗历程。

晶晶会优先回复那些等级较高的网友的问题，这能够提升话题的热度。时间一长，晶晶便逐渐积累了大量的忠实粉丝，这为她成功推广微店奠定了基础。

（3）贴吧推广。

经过在论坛中的广泛交友，晶晶结交了很多关系不错的网友，他们都成为了晶晶的忠实粉丝。晶晶的微店成立一个月后，微信粉丝的数量就达到了近百人，微店的销售额也突破了万元。值得一提的是，百度贴吧中的很多网友和“宝宝树”中的妈妈们，都成为了她的分销商。

此外，微店吧里还汇集了大批正急于寻找货源的微店店主。晶晶抓住这一点，开始在微店吧上不断分享自己的开店经历，一举成为了微店吧的“发帖大王”。同时，她的开店经历，也赢得了众多缺少开店经验的店主们的一致好评。之后，很多新手主动联系她，开始代理她的产品。

（4）创意推广。

此外，晶晶还利用举办活动的机会，鼓励自己的朋友们助其推广微店。

她所在的微店平台，曾举办了一次官方评选“金牌掌柜”的活动，晶晶的微店因朋友们的助选而中选。经过媒体曝光，晶晶的微店流量在两天内暴涨了近十倍。再加上活动本身带来的转发流量，最后使晶晶的微店获得了巨大的推广效果。

同时，晶晶还加入“微商联盟”推广平台。这个平台的成员由彼此熟悉的商家构成，每个商家都拥有一定数量的粉丝或好友，每天会有3个人作为一组，专门推广所有成员的微店。

晶晶设置的推广内容比较有意思，而且又经常是以朋友聊天的口吻进行，所以很容易被人接受。就这样，晶晶的微店获得了越来越高的人气，销售额也开始水涨船高。

晶晶对微店的推广可谓多管齐下。其实，无论是一种方法求发展，还是多种方法齐动手，只要找到适合自己的推广方法，都可以达到良好的推广效果。

3. 微店精品水果

张裕做了7年的军人，退伍后就一直琢磨着要干点什么。左思右想之后，他最终选择了在线卖水果这个几乎没有门槛的小生意。

在微店兴起之前，张裕是在微博上售卖。尽管订单不少，但却总是因为这样那样的原因而漏掉一些订单。加之顾客大多选择货到付款，付款时又多半选择使用支付宝，因而整个销售过程比较繁琐。

微店的出现，无疑给张裕带来了福音。他立刻注册了自己的微店——“果 in－鲜果速递”。微店这个平台，让他的水果生意便捷了许多，同时也在很大程度上减少了漏单的情况。后来，张裕又渐渐把自己微博上的粉丝引到了微信上。

不久之后，随着微店平台逐渐打通，张裕的水果微店业务开始呈现递增状态，一步步迈向成功。

下面我们就来解析一下这位“水果达人”的成功之道。

（1）特色水果，精心定位。

微店卖水果门槛很低，竞争激烈。而且水果不易保存，损耗也大。张裕是怎样解决这些问题的呢？

首先，为了保证水果的质量和品相，张裕会和自己的合作伙伴花费一定的时间，对水果进行仔细的挑选。而且他们选择的大多是市面上不常见，同时又是人们普遍喜欢的水果。这就有效地解决了水果不具竞争优势这个问题。

接下来，他会把挑选后的水果拍成照片，发布到自己的微信朋友圈进行宣传。为了提升微店的口碑，他还会在售前对很多水果进行试吃，以此保证水果的品质。

总之，他的目标就是力求把不容易买到的、品质最好的水果卖给顾客。

（2）仅限“8 条”，有效发布。

为了避免引起朋友圈里粉丝的反感，张裕每天都限定推广信息数量，最多发 8 条，而且相邻两条信息的发布，也会间隔一定的时间。这样做不仅没有引起粉丝的反感，反而增加了粉丝关注、转发和购买的几率。

同时，微信朋友圈的“@”提醒功能，可以用来强推商品，还可以把信息通过复制分享进行“转发有优惠”的病毒式传播。张裕对这两种方法运用得得心应手。

另外，“买家秀”也是一个效果颇佳的推广方式，但由于“买家秀”可能会对微信好友产生干扰，所以张裕一般都会选择在微博上发布“买家秀”。

（3）活动推广，促进销售。

活动推广可以说是增加店铺销售额的必备方式，张裕可谓是深谙此道。他经常在微店上举办预售、猜价等一系列活动，对商品进行推广销售，效果甚丰。

预售是一种很常见的销售手段，但前提是商品的质量要足够好，预售的理由也要足够充分，否则很容易适得其反。那么张裕是怎么做的呢？

原来，他选择了用樱桃进行预售。首先，樱桃在当地（南昌）很受欢迎，同时张裕告诉广大顾客，之所以预售，是因为果农要根据大家的需要进行采摘。听到这个信息，预售活动更加火爆起来。

张裕利用猜价活动让顾客了解到，他卖的水果都是市场上不常见的。另外，通过这种推广方式，他还将一些产品信息在互动过程中间接地传达给了顾客。这比那种硬邦邦的说明，效果确实好很多。

（4）微信推广，打造品牌。

经过一段时间的经营之后，粉丝和顾客都已经对张裕的水果微店产生了一定的信任。张裕知道，打造个人品牌的时候到了。于是他开始有目的地在朋友圈里分享一些意见领袖的建议，以及赚钱的小窍门等比较正面的信息。

同时，他还会像拉家常一样和买家进行互动，并不时地对顾客发布的内容进行评论，提个问题或者点个赞。虽然这些行为看上去意义不大，但时间一长，价值便体现出来了，这是打造个人品牌的一种积累。

张裕的成功经验告诉我们：真实的才是最走心的。用心做事情，积极向上，别人才会信任你。所以，当各位店主在朋友圈发布信息吸引粉丝时，一定要选择那些阳光积极、对生活充满无限希望和正面引导的信息，这样才会让微店推广工作达到理想的效果。

这些微店达人们的成功推广告诉我们：“无论你在微店上卖什么，只要你想方设法进行微店推广，并愿意与粉丝用心互动，就一定可以把微店做起来。”即便你只是一个对经商毫无经验的普通人，也可以做到！

第四章

销售管理：让顾客从心动到行动

销售是实现商品和货币交换的过程，马克思形象地将这一过程称为“商品惊险的一跳”。当顾客造访微店时，如何待客是促成这惊险一跳的关键环节。

顾客购买商品的过程，就是寻找购买理由的过程。作为店主或客服，必须系统地解答顾客心中的疑问，全面消除顾客心理的隐忧，这样，销售才有可能如愿达成。

有客来访，如何接待

销售需要交流互动。在交流互动中，对顾客进行细致的接待有利于促成交易。接待顾客一般分为以下三个步骤。

1. 探索顾客真实的需求

我为什么要掏钱购买它？

——即使你面对的顾客没有明确地提出这个问题，他的心中也隐藏着这个问题。而所谓的销售，就是要给顾客一个购买的理由。这个理由越充分，成交的可能性就越大。

阿基米德说，给他一个支点，他可以撬起整个地球。给顾客一个理由，他可以“购买”整个地球。

与顾客沟通时，要想办法引导顾客说出自己的真实需求。比如，采取提问的方式与顾客进行沟通，了解顾客的相关背景与购买动机（见图 4－1），比如年龄、喜好以及与购买的用途等，然后再根据这些信息做出适当的推荐。

店主向顾客推荐商品时，一定要站在顾客的角度去想问题，真心实意地为顾客解决问题。只有这样，才能赢得顾客的信任，进而增进彼此的关系。如果为了减轻库存压力，想方设法把滞销或质量不好的商品推荐给顾客，那么这种只为自己考虑的做法就会让顾客十分反感，不仅不利于交易的成功，而且还有可能彻底失去顾客。

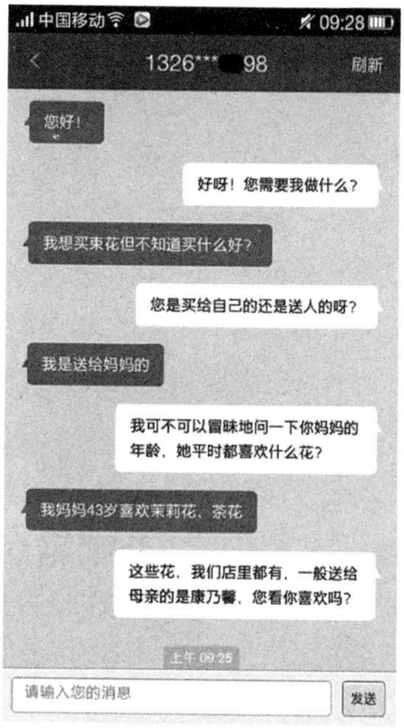

图 4－1　了解客户真实需求

另外，沟通时的语言一定要平易近人，生动有趣，不要枯燥呆板。比如在介绍商品的大小、重量等一些基本信息时，不要只是简单地告诉顾客一些数字，比如商品长 20 厘米，重 50 克，等等。这些枯燥的数字，很难让人产生快速、良好的感性认识，也很难让顾客确定商品具体的长度和重量。如此一来，很可能让顾客对商品失去兴趣。

不如使用一些人们普遍熟悉的具体事物，来对商品进行对比说明，让顾客有一个更加形象的认识和理解。比如，给顾客介绍最新上市的智能手机时，不要说手机大约 150 克，可以说手机大约有 3 颗鸡蛋那么重，这样就可以让顾客很形象地感知手机的重量了。

2. 确认顾客是否认同

推荐商品时，要交叉进行试探性询问，确认顾客是否对商品的功能和服务认同。

确认的方法当然不是问“你明白了吗”，而是口气比较委婉的询问，比如："你觉得怎么样？""您还有其他疑问吗？"等等。

有些顾客会提出一些异议，这时店主就需要有针对性地进行说服。

3. 抓住机会形成订单

当顾客基本认同你推荐的商品后，要快速抓住机会，形成最后的订单。这是临门抬脚的关键时刻，成败往往在此一举。一旦耽搁几分钟，就容易出现意外。

互联网时代，除非是你的铁杆粉丝，多数顾客都同时开着好几个窗口，比较同一类商品。你稍一疏忽，单子就花落别家了。

临门一脚，最好别射直线球——别用太直白的语言。太直白会让顾客感觉不爽而拦截了你的"球"。如："现在下单吗？""买下吧，不吃亏的！"这些话让人感觉不是自己在做主，而是店主在代为做主。

"我"付钱，当然得"我"做主。因此建议用委婉一点的语言，例如："现在下单，明（后）天就能到您手里。"如果有赠品可以说："现在下单，可以送一个 XX 哦，超实用的。"还可以让顾客在你推荐的两款商品中二选一，这样既尊重了顾客的选择权，又不给顾客再次犹豫的机会，从而促成交易完成。

推荐的商品要有针对性

向顾客推荐商品时要有针对性，盲目地将商品推荐乱发一通，犹如无的放矢。

例如有个顾客经常出差，电话频繁，旅途中又爱好刷微博，那么就推荐其购买大容量、小体积的充电宝（相对较贵）。如果他是一个学生，要求不高，消费能力有限，那么就应该推荐品质中等的充电宝（相对便宜）。

很多时候，顾客不会主动明确地说出需求，需要店主根据对方的身份与聊天内容去分析判断。下面我们总结了一些顾客群体的共性，这些共性有助于店主在销售中更快、更准确地把握顾客的需求。

1. 不同年龄的顾客

一般来说，随着年龄的增长，人的性格、喜好、需求和追求的目标等，都会发生一些变化。店主要学会掌握不同年龄段的顾客心理，这样才能做到对症下药，增加店铺的客源，提升服务质量。

（1）16～25 岁的顾客。

通常，16～25 岁这一顾客群体，绝大多数在经济上还未真正独立，有的还在依靠父母，有的则刚刚参加工作，正处于收入不稳定或薪资较低的阶段。在这种条件制约下，他们的消费会受到一定程度的限制，也就是说，他们尚未形成成熟的消费习惯和心理。

不过，这并不代表他们不具备购买能力。同时，由于年轻气盛，他们更喜欢追求时尚，所以对一些时髦商品很感兴趣。也就是说，他们的购买心理虽然尚未成熟，但购买力却不容小觑。比较积极而冲动的购买习惯，很可能让他们成为你的店铺的第一批顾客。

对于这种类型的顾客，店主可以多向他们推荐一些时尚新品（见图 4－2）。在说服他们进行购买的时候，

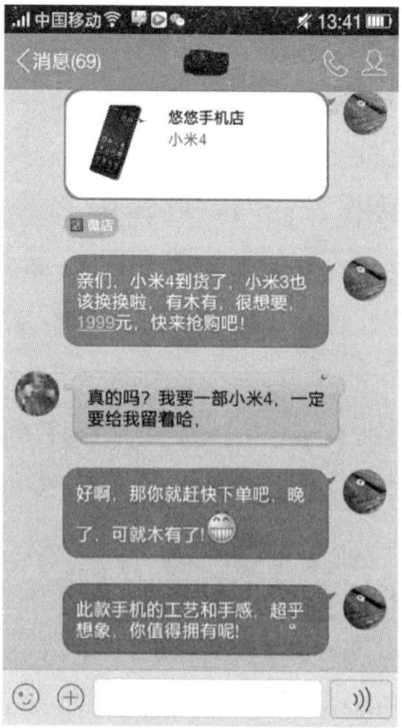

图 4－2　店主向顾客推荐新品

可以详细为他们讲解一下这些商品的知名度。尤其要对商品的独特性进行细致的讲解，因为他们喜欢的是相对个性化的商品，而且一旦他们看中了某件商品，基本不会太在意价格。

（2）25～30 岁的顾客。

25～30 岁的顾客，是热情型的消费群体。无论成家与否，他们追求新鲜事物的热情大多没有减弱。也就是说，如年轻人一般的消费冲动依然存在。

一般来说，店主在向这类顾客进行商品推荐时，一定要先了解对方是否成家，这样才能投其所好，从而提升成交率。

对于单身的顾客来说，购买商品时，相对更注重商品的品牌，因为这种商品可以让他们获得极大的心理满足感。而对于刚成家的顾客来说，他们的生活节奏较快，所以相对比较关注那些能够提高生活品质或增加生活情趣的商品。如果对方已经有了孩子，推荐婴幼儿用品（见图4－3）是最合适不过的了。总之，只要符合他们的生活需求，他们一般不会拒绝。

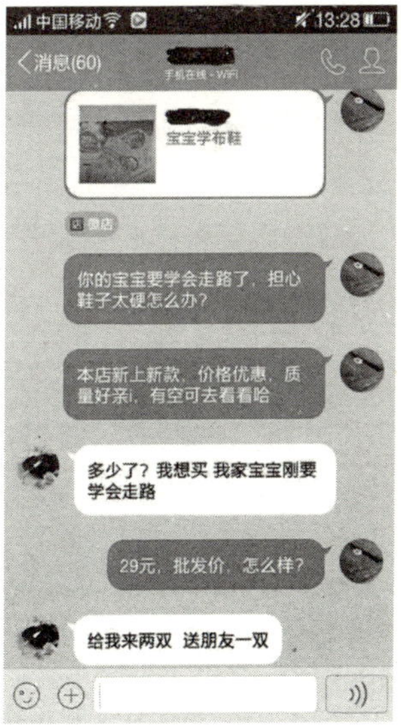

图4－3 向顾客推荐婴幼儿用品

同时，在向这一年龄段的顾客推荐商品时，尽量言简意赅，因为他们大多忙于工作和生活，没有太多时间跟人闲聊。

（3）30～45 岁的顾客。

这个年龄段的顾客，大多已经成为成熟型的消费者。他们拥有稳定的收入和相对成熟的消费观念，一旦认定某个品牌或某种消费趋势，一般很难改变。也正因为如此，他们往往是店铺最忠实的顾客。

对于这种类型的顾客，最重要的是要了解他们喜欢的商品类型。一般来说，这个年龄段的顾客相对喜欢购买具有实用价值的新产品，同时对能够改善家庭条件的商品也比较感兴趣。如果是女性，化妆品和保养品则是她们的最爱。

在给这个年龄段的顾客介绍商品时，除了介绍商品的特点之外，对于商品的成分以及品牌背景等，也要一并介绍，因为他们大多对商品的这些方面比较注重。只要你推荐的正是他们所需要的商品，他们多半会很痛快地买下来（见图4－4、4－5）。

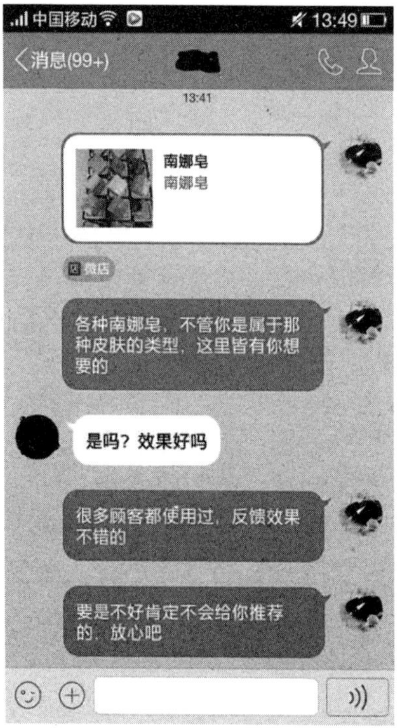

图4－4　向顾客推荐化妆品（1）

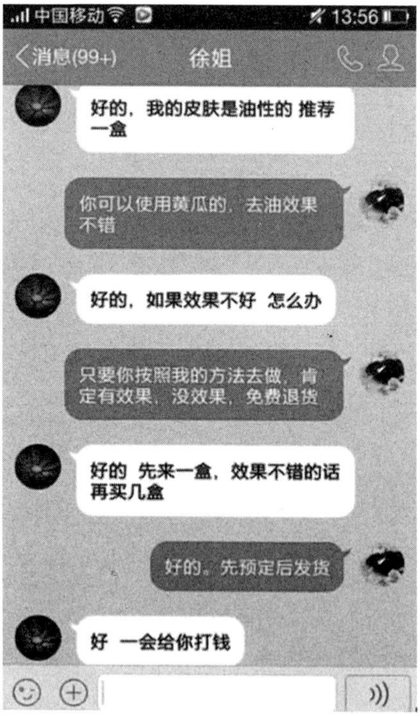

图4－5　向顾客推荐化妆品（2）

（4）45 岁以上的顾客。

一般来说，45 岁以上的顾客，已经拥有非常牢固的经济基础，生活也比较悠闲。他们大多喜欢购买用惯的商品，对新产品则常常持有怀疑态度。但是如果顾客经常购买的商品品牌有新产品或者有促销活动（见图 4－6），店主可以将信息传达给顾客并向其进行询问。一般情况下，如果顾客惯用这一品牌，加之又有促销活动的话，对新产品的抵触情绪一般不会很大，因此多数都比较乐意购买。

图 4－6　向顾客推荐常用品牌的新产品

当然，如果有顾客体验不错，将其经历进行分享，就更能吸引顾客消费了。当顾客夸赞商品不错，店主也可适时地夸赞顾客好眼光，这样有利于增强彼此间的感情。

2. 不同性别的顾客

众所周知，由于性别不同，男性与女性在实际消费过程中的购买心理以及购买产品的类型，都存在很大的差别。

一般来说，男性购买商品相对比较理智，大多是有目的性地去选择自己感兴趣的产品，而且比较关注商品的用途、质量、功能，对商品的价格则不是非常在意。所以店主可以向男性顾客推荐质量、功能不错的商品（见图 4－7），只要价格合理，他们大多会痛快下单。

女性顾客则比较在意商品的质量和价格，她们通常会通过与他人闲聊获取商品信息。比如，哪种商品质量不错，哪种商品价格比较实惠，等等。

女性顾客在购买商品时，大多挑选得比较仔细，喜欢货比三家。能够用最低的价格买到最优质的产品，是她们最高兴的事。所以店主可以在店里搞促销活动时，向她们推荐一些性价比较高的商品（见图4－8），相信总有一款是她们喜欢的。

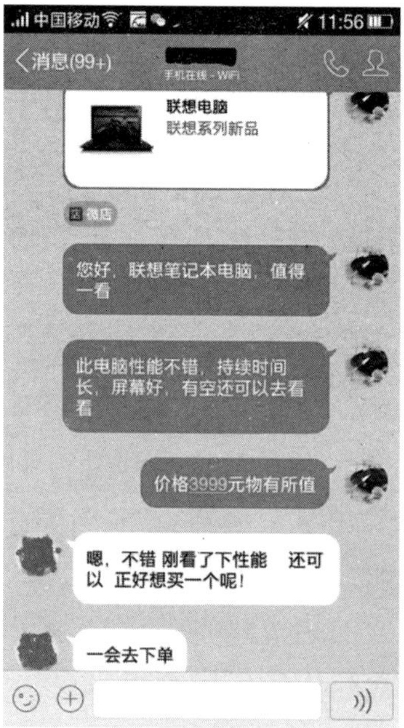

图4－7　向男顾客推荐性能好的商品

3. 不同社会角色的顾客

除了年龄和性别有区别以外，还可以将顾客按不同的社会角色加以划分，比如学生群体、公务员群体、职工群体、家庭主妇群体以及农民群体等。

不同的社会角色群体，其购买心理、购买行为和购买能力都存在很大差异。店主在向这些不同的群体进行商品推荐时，一定要根据其不同的特点来进行。

（1）学生。

学生大多缺乏雄厚的经济基础，所以购买能力受到一定的限制。但是由于年轻，他们大多喜欢表现自己，追求个性，接受新事物的能力较强。店主可以多向他们推荐一些时尚的商品，尤其对于一些即将上市的新产品，他们会更乐于接受。

（2）公务员。

通常公务员购买商品主要是为了提高自己的生活质量，让自己的生活过得更愉快、更舒适。店主在向他们推荐商品时，要多花一些心思，详细介绍一下商品的优点，从而促使他们下单购买。

（3）企业员工。

企业员工这个群体较大，是社会中主要的消费群体。由于这类群体中的大部分都有家庭，因而在消费的时候大多注重商品的实用性。在向他们推荐商品时，要把商品的这一特性多加强调。

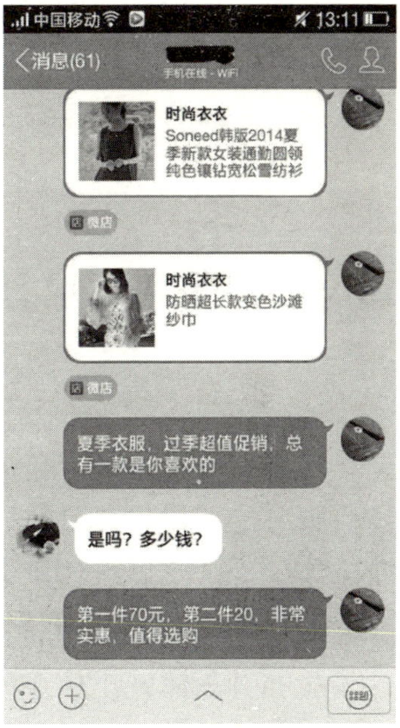

图4－8　向女顾客推荐性价比高的商品

（4）家庭主妇。

虽然家庭主妇本身并不赚钱，但却是消费大军中不可忽视的一个群体。日常生活所需的日用品，以及家庭成员所需的物品，大多由她们来购买，而且她们大多十分注重商品的性价比。

店主可以多向她们推荐一些质量有保证、价格公道的生活日用品和婴幼儿用品。

（5）农民。

相对于以上几个群体，农民的思想相对保守，加之文化程度不高，所以他们对商品的成分大多并不在意，他们看重的是商品的价格和实用性。

店主可以向他们推荐一些价格便宜，具有实用价值的商品。

其实，无论店主面对的是哪一个群体，只要掌握了不同顾客的购买特性和购买心理，让顾客在店主的推荐中能够找到需要的商品，那么店主与顾客的交易就能够顺利进行。

做好售后服务，尽量减少纠纷

与售前服务一样，售后服务对于微店的销售工作来说同样重要。售后服务绝不仅仅只是挂在店主口头上的一句用来搪塞顾客的空话，而应该是去认真履行的承诺。

相对于售前服务而言，顾客更看重店铺的售后服务，他们觉得这才能够真正体现出店主的服务水平。

微店的售后服务包含五大板块（见图4－9）。

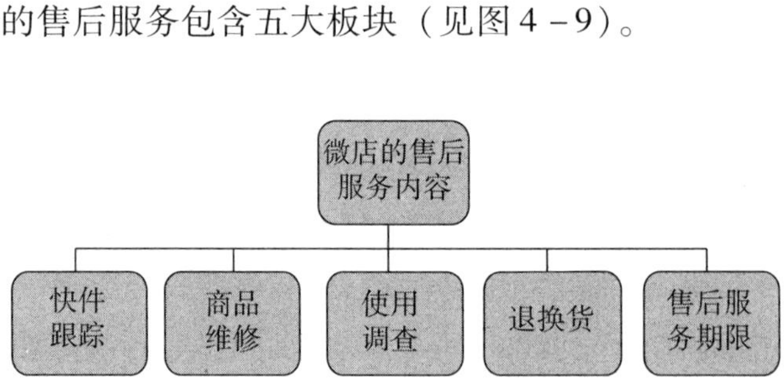

图4－9　微店售后服务的五大板块

1. 快件跟踪

当商品发出后，为保证顾客在规定的时间内收到包裹，店主需要关注物流信息，对快递包裹进行及时跟踪，并及时把物流信息反馈给顾客。

当出现意外状况时，更要在第一时间通知顾客，并对意外情况进行处理，争取让顾客在最短的时间内收到商品，从而避免投诉甚至退货状况的发生。

2. 商品维修

当顾客收到商品，发现商品因故障无法使用时，大多会立刻联系店主。当收到此类反馈后，店主一定要在第一时间安排相关维护人员前往维修。

在这里，各位店主需要注意：交易之前，务必要在售后服务内容中跟顾客说清楚，当商品出现哪种故障或者问题时，店铺可以负责维修，同时还要标明维修的时间期限。

3. 使用调查

进行商品使用调查，除了能够帮助买卖双方实现及时有效的沟通，解决顾客遇到的各种疑问，还能够帮助店主全面了解顾客的用户体验及其需求点，同时发现在商品的整个使用过程中所存在的一些问题，以便及时改正。

对于顾客在商品应用技术或者质量方面提出的问题，店主也一定要积极回复，这同样是售后服务中的重要工作内容。

这些问题能够为微店日后的销售改进工作提供许多参考。

4. 退换货

谈到售后服务，就不得不面对退换货问题。7 天无理由退换服务，下一节我们会单独详细介绍，这里我们说的是不包含在这一服务项目之内的商品的退换货问题。

一般来说，当商品出现质量问题时，店主应该无条件给予退换货，而且由此产生的运费也应该由店主来承担。如果是其他原因导致的退货，需经买卖双方事先进行协商，然后按协商处理即可。

5. **售后服务期限**

由于微店经营的商品种类不同，售后服务期限也各不相同。一般来说，由店主根据商品的保质期以及使用情况自行决定，一般都是定在1~2个月之间。

总之，售后服务内容说明得越详细，以后和顾客发生纠纷的可能性就越小。

有“礼”走遍天下，无利寸步难行

每次购物，如果你“幸运”地获得了一个小礼物，是不是很开心，是不是下次有生意做时，也会优先想到这家店?

基于现实的原因，微店给顾客赠送的礼物，只能是便宜的小礼物。有道是“千里送鹅毛，礼轻情意重”，小礼物虽然不值钱，但却可以让人感受到重视、关心。作为店主，你要懂得：有礼走遍天下。这个“礼”，不仅指礼貌，也指礼物。

送礼，讲究在合适的时间里送合适的礼物。唯有这样，才会给顾客留下深刻的印象。

以下是微店店主送礼的几个好时机。

1. 新顾客送欢迎礼

当新顾客第一次在店里下单后，店主如果能送上一份小礼物以表示欢迎，一定会让新顾客感到很开心。下次要购物了，脑海里第一个出现的很可能就是你。

2. 老顾客送生日礼

结识新朋友，不忘老朋友。顾客也是如此，新老都要兼顾。

当老顾客过生日时，就是联络感情的最佳时机了。这时候，店主可通过打电话或在线留言送上自己的祝福，同时附赠一份小礼物。相信老顾客收到礼物后，一定会倍感惊喜。

且不说礼物的轻与重，单说这份心，就足以让人十分感动，随之而来的自然是老顾客对店主和店铺的加倍信任和忠诚。

至于送什么礼物，店主平时要多用点儿心。比如，在老顾客生日临近时，跟他聊聊天，旁敲侧击来打听他有什么心愿。围绕对方心愿送个小礼物，要比普通的送礼方式效果强很多。

3. 节假日送节日礼

过节送礼是国人老传统。

每逢佳节，顾客到店消费时，店主都可以附赠一件小礼品。至于送什么，要根据不同的节日来定。这些小礼物会让顾客感到店主的用心和体贴之情，自然对店主更有好感。

4. 周年庆送纪念礼

在进行周年店庆的时候，向每位来消费的顾客赠送一件小礼物，如购物袋、日历、小闹钟、雨伞等，这些都能加深顾客对店铺的印象与好感。

通过这些小礼物，店主除了把自己的喜气分享给顾客之外，同时还能将感恩之意传递给顾客。

了解 7 天无理由退换货保障服务

商场、超市大家都经常去，对于商品退换事宜，想必也都十分了解。

一般来说，如果商品出现非人为的质量问题，商家是有义务向顾客提供退换货服务的。商家为了获得顾客的信任，维护店铺的信誉，一般都会将退换保障服务拟定在 7 天以内，这也是我们这一节要讲的“7 天无理由退换货保障服务”。

“7 天无理由退换货”能够增强顾客下单的信心，对于微店的长远发展来说很有帮助。

履行“7 天无理由退换货”服务有个前提：不影响商品的二次销售。这一点在和顾客交易之前，一定要明确告知。

具体来说，商品要满足以下条件，才可以要求退换货。

（1）配饰完整。

商品的配饰一定要保持完整。比如一些服装类商品，要求腰带、挂链、吊牌等必须完整、齐全，否则不可以提供该保障服务。

（2）商品未被使用。

无论是哪种商品，尤其是食品、一次性用品等商品，一旦使用过后，是无法进行二次销售的。所以被使用过的商品，是无法提供该保障服务的。

（3）未曾洗涤。

有些商品，如床上用品等棉制品，或者真丝类服装等，一旦经过洗涤，也将无法进行二次销售。所以一定要保障这类商品没有经过洗涤，方可要求退换货。

顾客想要退换的商品，只有满足了以上三个条件，才能要求店主履行“7天无理由退换保障服务”。

另外，店主还不要忘记告知顾客，该服务中“7天”的时间概念，是从收货那一天开始计算的。这样就可以在很大程度上避免与顾客之间因理解不同而产生误解和纠纷。

当顾客向微店提出退换货申请并达成协议后，店主一定要在第一时间将退货地址提供给顾客。收到退回商品，检查无误后，如果顾客要求的是换货，要立刻将新商品寄出；如果是退货，要立刻将货款退回。绝不能因为利益受损而怠慢要求退换货的顾客，否则很可能会导致客源流失，为店铺发展带来阻碍。

在退换货的交流互动中，店主要注意保持诚恳、热情的态度。顾客有千奇百怪的理由，也许有些理由听起来很“荒唐”，但这并不重要，因为你要执行的是——无理由退换货。无论遇到什么过分的理由，你都要控制好自己的情绪，始终以诚恳、热情的态度来进行应对。

当买卖双方达成退换货协议后，就会涉及到在退换货过程中产生的运费问题。这个问题事先一定要说清楚，否则很容易引起不必要的纠纷。

一般来说，退换货所产生的运费问题，有以下几种解决方案。

（1）商品属于店铺包邮的商品，退换货运费由买卖双方分别承担。

（2）商品并非商家包邮商品，所有退换货产生的运费，均由顾客承担。

（3）商品因顾客操作不当需要办理换货，由顾客自行承担所有退换货运费。

（4）退换货是由于商品出现质量问题，或者是由于顾客收到的商品与店铺中的描述不符而导致的，则由卖家承担退换货费用。

案例："烧白哥"的粉丝经济

重庆小伙叶春城，辞掉公司白领工作开了一家快餐店。店铺名叫"重庆烧白哥"，让人一看就知道他售卖的是什么产品。烧白是川渝地区一道具有乡土特色的民间菜，深受当地人喜欢。

叶春城当初选择进入快餐业，是有自己独特的想法的。

首先，在城市中，人们的生活节奏比较快，平时都忙于工作，极少有时间亲自下厨，所以送餐上门服务就非常受欢迎。

其次，一些"宅男"和"宅女"基本足不出户，平时也懒得亲自动手做饭。即使是在周末，他们都会叫外卖，这就为快餐外卖带来许多机会。

另外，每到午餐时间，写字楼里就会有成千上万的白领们涌出，这使得周围的快餐店很快爆满，有些人甚至要排队很长时间才能吃到午餐。

叶春城也曾经是白领一族，对这种现象再熟悉不过了。加上他是程序员出身，对互联网十分熟悉，于是他设想将快餐与互联网结合起来，认为这样做一定会受到广大白领以及千万"宅男""宅女"

们的欢迎。

确定创业方向后，叶春城双管齐下，既不放弃实体店经营，同时将网络订餐作为主要的发展方向。

每天上午11点，是叶春城一天中最忙碌的时候。一般情况下，这个时间段他都在忙于接收顾客的订单，这些订单全部来自微博和微信。

接到顾客订单后，他会立即将订单转给厨房，以便厨师尽快依照顾客的订单加工打包，然后交由送餐员递送。

在微博和微信的支持下，他的微店订餐生意越来越火爆。生意好的话，一天能卖出上千份快餐。

那么，这个80后年轻老板是如何将线上快餐经营得如此火爆呢？下面让我们一起来学习“重庆烧白哥”的成功之道吧！

1. 背靠互联网好乘凉

2012年，叶春城辞去高薪职务，一头扎进自己看好的快餐业。他曾是一名程序员，不但十分熟悉互联网的基本操作，还掌握了不少粉丝营销的方法，所以决定利用技术优势来打造自己的快餐店。

明确发展方向后，他便展开行动，比如印制传单，建立QQ群，开设微博账号等。2012年4月19日，他在微博上发送了第一条推广信息：“大家好，我是重庆烧白哥，我的英文名是CQSB哥。敬请期待，一个来自哥的烧白传说（见图4－10）。”

图4－10 叶春城在微博发送的第一条信息

推广1周后，小店正式开业。他怀着忐忑的心情，为顾客精心准备了30份盒饭。令他没想到的是，他一下子就接到了80多个订餐电话，准备好的盒饭被抢购一空。

首战告捷，他再接再厉，仅用了两个月的时间，便成功收回前期投入成本1.2万元。

网络订餐为何如此的火爆？叶春城这样解释："我们烧白盒饭的目标客户是白领，他们喜欢上网。烧白基本上只在微博、微信上宣传，每天的菜单、配送范围、销售进度，都在网上及时更新，接受微博、微信订餐，并分享一些有意思的故事。与他们产生共鸣，也就有了人气。新顾客有80%都是通过微博、微信了解我们的。"

2. 靠分享积攒人气

虽然网络营销能够带来大量粉丝关注，但要想留住这些粉丝却并非易事。对此叶春城深有体会，他感慨道："如果只在微博上发菜单，谈吃的，不超过3天，一半粉丝就会流失。"为了留住顾客，他每天都会把大量的时间和精力投入到与粉丝的互动上，其目的只是为了留住粉丝。

为了赢得粉丝的芳心，他不仅在微博里分享自己的创业故事，还会发表一些用网络语言编制的烧白段子。除此之外，他还经常跟粉丝们谈人生感悟，分享人生经验。在他的粉丝里，有相当一部分既是烧白饭的忠实顾客，也是他的微博铁粉。其中一位名叫"小米木有米米"的粉丝曾这样说："烧白哥的微博很朴实，除了吃烧白，看烧白哥刷微博也是一大乐趣。"

有时，即便他分享给大家的是一两句简单的生活感言，也会引来数十条粉丝评论。另外，他不仅与粉丝进行线上互动，还会定期邀请粉丝到实体店进行消费体验，与粉丝进行交流聚会。

随着烧白饭的生意越来越红火，叶春城开始有了扩大店铺经营范围的想法。目前，他的小店已从单一的烧白盒饭，逐渐扩展到包括包子和火锅等品种。唯一没有改变的是：依然鼓励微博、微信订餐和分享。只要顾客通过微博或微信订餐，或者顾客将就餐经历分享到微信或微博上，都可以享受到相应的优惠，比如打折或赠送饮料等。

对于这种做法，叶春城的真实想法是，不管是通过微博、微信传播，还是“@重庆烧白哥”，或是顾客分享到朋友圈，都能够有效地提升他的店铺曝光率。曝光率越高，意味着有更多的人关注他的店铺，顾客自然就会越来越多，所以他觉得这些人理应得到鼓励。

3. 网上卖快餐挑战更大

实际上，网络营销在给叶春城带来实惠的同时，也给他带来了巨大的考验。

有一次，一位顾客在实体店吃饭时，在菜里看到了一根毛发，便用手机拍成图片发到微博上。结果在网络中引发很多网友的关注和转发。

这件事发生后，叶春城不禁发出这样的感叹：“网络营销是一把双刃剑，做得好，可以把我捧起来。如果做得不好，也能在一夜之间把我踩下去。相比之下网络营销带给经营者的挑战比实惠更大。”

从此以后，叶春城致力于不断提升快餐的标准化运作水平，尤其是在质量、卫生和服务这三个方面下苦功，争取精益求精。

“重庆烧白哥”的微店之所以成功，总结起来有以下三点。

第一，产品介绍：食欲、诱人、卫生。

第二，与粉丝互动：互动多，沟通多。

第三，情感交流：真诚，质朴。

虽然同样的成功不能复制，但是我们还是可以从中借鉴经验。老祖宗说得好：他山之石，可以攻玉。

第五章

促销管理：为顾客提供增值服务

微店的经营要有声有色，定期开展一些促销活动必不可少，如打折、发放优惠券等。通过让利给顾客，可以调动顾客的购买热情，培养顾客的兴趣和使用爱好。

近年来，商家们越来越注重促销。对比全球的广告与促销费用，会发现促销费用的增长率比广告费用的增长率高出 3 个百分点。

打折促销，永不过时的绝招

打折是通过让利给顾客，让顾客获得实惠，从而激发顾客的购买意愿，以达到促进商品销售的一种促销方式。

打折可以说是永不过时、屡试不爽的绝招。对于微店来说，常用的打折方式有五种（见图 5－1）。

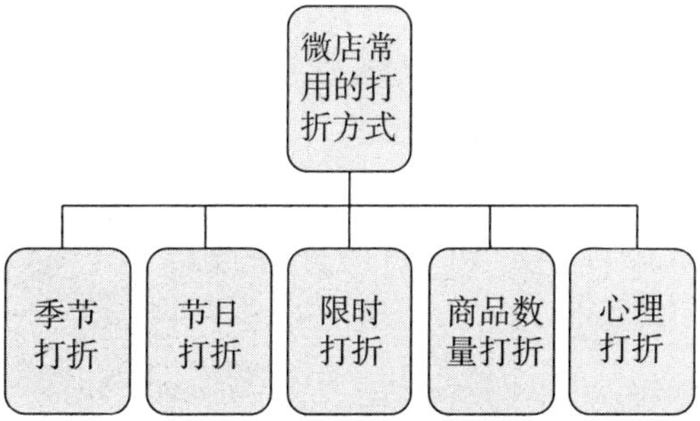

图 5－1　微店常用的五种打折方式

1. 季节打折

市场上有许多商品都是有季节性的，其销量和受欢迎程度会随着季节的变化而变化。当某种商品到了淡季时，店主们可以对其进行相应的打折促销。尤其对于经营服装鞋帽的店主来说，一定要充分利用淡季打折，好好地为店铺打一场促销战。

淡季促销之所以能够提高销量，主要是因为有些消费者在商品正价时因为价格过高而放弃购买。到了换季时，发现能以相对低廉的价格买到之前中意的商品，所以能大大激发他们的购买意愿。

对店主来说，这样做不仅可以把过季的商品卖出去，还可以减轻商品库存的压力（如果有库存的话），同时还能促进并带动其他商品的销售。

2. 节日打折

中国有许多传统的节日，比如春节、元宵节、国庆节、中秋节、重阳节等，另外还有许多西方传过来的节日，比如情人节、母亲节等。这些节日往往也是消费者购物要求大增的时候，所以有必要利用这些节日进行打折促销（见图5－2）。另外，如遇到客户的生日等特殊的日子，也可以进行适当的生日打折。具体的

图5－2　中秋节打折活动

打折方法，可以采用适当降价或者买赠等方法。

在这些特定的节日里，如果能够好好利用打折促销，不仅可以在很大程度上提高店铺的销量，吸引更多的新顾客，同时还能长久地留住老顾客。

3. 限时打折

所谓限时打折，就是在某个时段推出商品特价优惠，顾客可以享受最大的折扣，从而促进消费（见图5－3）。

有不少家庭主妇，经常会采买一些家里根本就用不着的商品回家，然后放在柜子里好多年都不动。尽管这样，她们还是会继续买。问她为什么要买，答案是：因为便宜啊。

由此可见，让顾客感觉“便宜”是一种多么有效的促销方式。

“爱占便宜”是一种普遍的消费心理，限时打折正是利用了这种心理，让人产生一种“机不可失，时不再来”的幸运感与紧迫感，进而产生立即下手的冲动。限时促销就是这样一种很有效的促销方式。

一般来说，进行限时促销的最佳时间是周末、节假日或者周年店庆。因为这些时间段客流量大，可以吸引很多顾客关注，从而获得较大的收益。

图5－3　限时秒杀

4. 商品数量打折

商品数量打折（见图5-4）也是很常见的一种打折促销方法，可以在很大程度上增加顾客的复购率，同时还可以培养顾客的忠诚度。

一般来说，商品数量打折分为两种形式：一种是非累计折扣，另一种是累计折扣。通常，店主进行商品数量打折时，会根据顾客购买的商品数量或金额总数，给予顾客相应的折扣。顾客购买的商品越多，享受的商品折扣就会越大。

图5-4 满6瓶指甲油8.5折

5. 心理打折

所谓心理打折，就是让顾客在心理上感觉自己获得了很大的优惠，认为购买的商品物超所值。

客观地说，这种打折不厚道。因为店主会事先把商品的价格抬得很高，然后在这个基础上狠狠打折（例如0.8折）。貌似顾客获得了巨大优惠，但实际上只是心理上的满足。

这种打折有很多人在玩，并且也有较好的效果。但其负面影响也不可小觑，极容易失去顾客的信任，且难以培养顾客的忠诚。从长远来说，是弊大于利的。

需要指出的是，微店店主在进行打折促销时，有如下三个误区需要规避。

第一，视打折为降价。在这些店主看来，打折就是降价。只要一味地降价，就能获得客源。事实证明，现在的消费者在购物时考虑得很全面，价格只是其中的一个原因。因此单纯的降价式打折，效果并非立竿见影。

第二，以打折的名义兜售滞销商品。这种促销方法，其实就是将一些过气的商品或者滞销的商品打折清仓。现在的消费者比猴还精，岂能轻易上你的钩？就算这次上钩，发现真相后，下次还会光顾吗？

第三，打折过于频繁。有些店主为了招揽顾客，经常进行打折活动。打折的频率过高，顾客知道你的店铺经常打折，在商品正价的时候大多不会来购买，而会专门挑选打折的时候来购买。这样就会造成平时客源流失，同时店主的利润还会因为商品折扣而大大降低，不利于店铺的长远发展。

优惠券促销，吸引顾客的高招

伴随电子商务的发展，传统的优惠券已升级为电子版，很多顾客都喜欢使用电子优惠券来购买商品。

商家赠送优惠券是为了推广业务，顾客使用优惠券是为了省钱，这是一种互赢互利的促销方式。

下面我们将介绍微店如何利用优惠券来帮助店铺提高销量。

1. 确定使用优惠券的营销目的

发放优惠券前，要先确定使用优惠券的营销目的，了解促销活动的方向，提前做好促销活动的各项准备工作，这样才能防止促销中途出现问题。

当然，不同的店主有不一样的经营模式。如果想要提高老顾客的复购率和黏贴度，可采用相对比较宽松的优惠券营销策略；如果想要提高产品的性价比竞争力，可使用刺激性的优惠券策略。

总之，一定要从优惠券的营销目的出发，这样才能制定出合适的优惠券营销方案，从而达到营销的最佳效果。

2. 促进并诱导顾客消费

对顾客来说，优惠券实际上相当于有条件的打折优惠。即顾客只有进行第二次（多次）消费，才能享受折扣优惠。所以优惠券促销当中隐含着的诱导成分比较高，而顾客实际享受折扣优惠则并不高。

所以说，如果能抓住顾客的消费心理，好好利用一下优惠券促销，可以为店铺带来很大收益。

3. 完善优惠券的细节

一张完整的优惠券，除了优惠金额以外，还包括很多顾客关心的信息。店主在制作优惠券时，要充分考虑到这一点，尽量把优惠券做精做细，这样才能更好地吸引顾客。

一张完整的优惠券，包含如下四个要素。

（1）明确引流方向。

店主在优惠券上要明确标明优惠券的使用范围，比如，只限购买某一类商品时使用，或者只限于在特定的促销日或时间段使用，等等。这样不仅可以促进某类特定商品的销售，起到引导流量走向的作用，还有可能会带动店铺内其他产品的销量。

（2）限定优惠券使用条件。

优惠券虽然可以在很大程度上促进顾客复购，但如果长期使用这种促销方式，不仅顾客会感到疲劳，失去购买兴趣，同时店主的利益也会受到损失。

但是，如果店主能够在优惠券上注明使用条件，比如“消费满200 直降 50”，就可以大大降低店铺利润的损失。

（3）标明使用优惠券的时间限制。

为了更好地达到刺激顾客消费的效果，店主也可限定优惠券的使用时间，这样就向顾客传达了一种时间紧迫感。从某种程度上来说，这种方式不但可以提高顾客的使用率，还可促使交易快速完成。

（4）注明活动解释。

通常，一张完整的优惠券都会有活动解释权，比如，每笔订单仅限使用一张优惠券，或优惠券的最终解释权属于店铺等。这样做，不仅保留了法律上的权利，而且也避免了日后活动执行时出现不必要的纠纷。

4. 区别对待

在向顾客发放优惠券时，除了顾客生日等特殊的日子外，对新老顾客也要区别对待。

向新顾客发放优惠券，目的是为了刺激购买，吸引顾客长期关注店铺。一般来说，可以向收藏或关注店铺的潜在顾客发送优惠券领取链接，让他们在购买时就可使用优惠券，直接享受折扣。

向老顾客发放优惠券，主要是为了提高老顾客的回购率。店主可以在店铺活动前主动向老顾客发放优惠券并短信通知。

当然，发放优惠券后，还要时时关注优惠券的使用情况。如果发现使用率较低，就要仔细分析原因，然后找到切实可行的解决之道。

如果顾客对店铺促销方式有意见，就要及时调整之前的营销方案，以促进顾客对优惠券的使用。

捆绑销售，扩大销售额的妙招

所谓捆绑销售，就是将几个产品捆绑在一起进行促销，形成1＋1＞2的效果。

捆绑销售有以下几个特点。

第一，推广的捆绑商品中，至少有一件商品具有较大的客户群。

第二，捆绑商品各自的客户群都有一定的关联性。

第三，可以通过一种商品的促销，带动另一种或几种商品的销售。

了解了捆绑式销售的特点之后，在实践中能否取得成功，还需要店主掌握做好捆绑销售的方法和技巧。

1. 捆绑商品定位的确定

在运用捆绑式销售时，先要明确捆绑商品的定位。

定位不是自己拍脑袋拍出来的，而是根据目标顾客人群的特性与需求“定制”的。这就要求店主站在顾客的角度去思考，去发现。

2. 捆绑的产品应属于同一档次或质量水平

无论捆绑商品是相同类型的，还是不同类型的，只要捆绑在一起销售，商品就必须在同一档次，质量要在同一水平。这样不仅能够恰到好处地吸引目标顾客群体进行购买，对店铺的信誉来说也大有裨益。

如果捆绑商品的质量参差不齐，不仅很难取得预期的促销效果，反而会对店铺的信誉造成负面的影响，从而导致顾客的流失。

3. 捆绑的商品具有相关性或配套性

生活中有很多商品相互之间都是有关联性的，比如帽子和围巾，牙刷和牙膏，等等。顾客们在购买这些相关商品中的其中一件时，很可能也正好需要购买另外一件——如果能一次买齐的话，岂不是很省事?

因此在进行捆绑销售时，可以把这些相关或配套的商品捆绑在一起销售，使商品具有配套性、互补性和兼容性。这样不但能够满足顾客的需求，同时还能通过优惠为顾客节省分别购买的开支，以此赢得顾客的心。

4. 定价的技巧

在进行捆绑式销售时，店主对捆绑商品的定价需要仔细琢磨。定太高了没人买，太低了利润低。有没有什么方法既能让商品的价格看上去很有诱惑力，又有适中的利润?

有！针对价格透明的商品适度降价，对价格不太透明的则可以适度提价。

比如，店主捆绑的产品是一支牙膏和两把牙刷。顾客对于牙膏的价钱相对熟悉，市面上同一个品牌的牙膏，其价格基本差不多。而牙刷的价格相对不透明，便宜的一二元一支，贵的十多元一支。这时你可以将牙膏降一元，同时将牙刷的价钱提三五角。虽然总价没有多少变化，但给顾客的心理感觉就不同了。

此外，对于顾客认为重要的商品，可以适度降价，将不那么重要的适度涨价；或者将畅销的商品适度降价，将滞销的商品适度涨价。

蛋糕大小不变，怎么切最让顾客乐意买单，就看你的“刀法”了。

赠品促销，立竿见影的狠招

所谓赠品促销，是指向购买本店商品的顾客实施馈赠的促销行为。什么条件下有赠品，这个可以由店主自己决定。比如买 A 商品有赠品，或一次性买 B 商品 5 件以上有赠品，或一次性购物满 300 元有赠品……

总之，你希望引导顾客往哪个方向走，你就将赠品的“诱饵”往那个方向放。

与降价促销相比，赠品促销还有一个显著的优点：后遗症小。降价促销时降价容易，将来想调回来却非常困难：凭什么昨天卖 10 元，今天要卖 12 元？凭什么我上周买是 10 元，这周买要 12 元？

赠品促销对商品价格基本不会造成什么负面影响。在顾客心里，对价格的上涨，总认为是店家在“我”兜里多掏钱。而对于赠品，他们认为是额外的，有当然很好；没有，或许有点失落，但不会联想到店家在“我”兜里多掏钱。

赠品促销一般有如下两种形式：即买即送型和附加条件型。即买即送（见图 5 –5）的意思是，顾客在购买促销商品时，可以立即获得赠品。这种赠品促销形式，可以让顾客即刻就能感受商品的超值实惠，因此吸引力相对较强，提升产品销售量的效果较为明显。

图 5 –5　即买即送

另外，即买即送主要包括包装外赠送、包装内赠送、包装上赠送以及可利用包装等四种形式。店主可以根据自己经营的产品来选择相应的形式，或者轮流变换形式，让顾客始终有一种新鲜感，从而刺激消费。

所谓附加条件赠送，就是顾客购买商品时，需要满足一定条件才能获得赠品（见图 5 –6）。当然，制定的附加条件尽量不要太高，否则会引起顾客的反感，从而影响销售。同时，赠品的价值也不能过低。

无论你选择哪一种形式的赠品促销，对赠品的选定都要用心揣摩。

归纳起来，赠品要满足如下四个条件，才会对顾客产生较大的诱惑力。

（1）要具有实用性。

人们只对那些对自己有用的东西感兴趣。如果赠品实用性不高，对顾客的吸引力也不会高，从而让促销效果大打折扣。所以店主在选择赠品时，应该将实用性放在第一位来考虑。

（2）要具有实惠性。

赠品对顾客的吸引力不仅仅表现在实用性上，还需要兼顾实惠性。所谓实惠，就是实实在在地得到了满足。比如，购买一罐奶粉即得一袋奶粉，顾客不但会觉得赠品很实用，而且还会觉得很实惠。这就相当于间接地通过赠品的方式让利给顾客，可以大大刺激顾客的消费。

图5-6　附加条件赠送——买3送1

（3）要较易获得。

不论店主采用的是哪种赠品形式，都要遵循一个原则：顾客能够比较便利地获得相应的赠品。不要为获得赠品设置过高的“门槛”，否则会大大降低赠品促销的效果。

（4）要符合顾客的即时需求。

要想让赠品发挥其作用，最大限度地吸引顾客，还需要满足顾客的即时需求，即顾客现在正好需要。比如冬季，店主为了促销棉鞋，可以把棉袜当作赠品，这时候如果赠送丝袜，显然会很不合适。

案例：3 个月销售 200 万元的神话

随着生活水平的不断提高，人们也越来越重视身体健康。尽管各种品牌的餐饮店让人目不暇接，但是人们更偏爱于自己买菜回家做饭吃，且尤为钟爱绿色健康食品。

目前，很多商家都在致力于做有机、健康食品，以便满足人们的“绿色”需求。在这一潮流之中不乏行业佼佼者——富军便是一个通过微店销售粟米并发家致富的能人。

注意，这里说的不是“小米”创始人雷军，而是粟米销售者富军。富军一个人依靠微信朋友圈，仅用 3 个月的时间，便轻松卖掉 10 万斤各式粟米，销售总额近 200 万元，而且还拥有 300 个长期客户和 2 万名潜在高端客户。

不仅如此，在华语商学院的圈子里，他还将粟米从一个默默无闻的有机大米品牌，塑造成了“买小米手机找雷军，买有机粟米找富军”的“知名”品牌。

那么富军是如何通过微店致富的呢？下面将为大家分享这篇富军用微信做大米营销的案例，希望能给大家一些启发。

1. 由外贸转型卖米

卖粟米前，富军一直在做五金配件外贸生意。

富军是山东农村人，大学毕业后，便只身一人到上海打拼。由于客户大多数是老外，而他一句英语也听不懂，为了解决与顾客的沟通障碍，他努力学习英语。功夫不负有心人，富军的英文水平不断进步，他每年都能与老外签订 1 个多亿的订单。

富军选择售卖大米纯属偶然。富军妻子是东北人，家里做饭时，全家人都只吃家乡寄过来的有机大米。当然，富军也会将东北家乡寄来的一些大米送给自己的朋友，没想到大家都说好。

有一天，他妻子开玩笑地说："你这个金牌销售员，啥时候做点更有意义的事？把咱家乡的好大米推广出去，让我们认识的人都能吃得健健康康的。"

妻子的一句玩笑话激发了富军创业的想法。受到妻子的启发，他开始了自己的米商生涯。

2. 有粮在手，该往哪送

富军卖米的想法日益高涨，他将这个想法发送至朋友圈，朋友们看到后，都以点赞的方式对他的想法表示支持。

虽然富军有粮在手，但这些米往哪儿送，却是一个棘手的问题。最后，富军决定将单位以前的老客户发展成自己的首批顾客。

他将自己积累起来的人脉整理了一下，还发动以前外贸团队里的小伙伴，让他们帮忙将这些年打过交道的客户全部列出来，建立一个客户档案。在富军眼里，这些人都是大米的潜在客户。

富军说，"做事先做人，做人要大方"。这个豪爽的山东汉子，为了建立起自己的第一批忠实客户，将大米 10 斤、20 斤地送给这些目标人群。他这种行为，就像小时候村里招待客人那样。

当富军送出第一波大米后，卖米的事业还是有点儿举步不前，因为他自己的老客户毕竟有限。那么接下来，富军该把粟米送给谁呢？

3. 微信好友加出了灵感

就在富军愁眉不展时，商学院要组织一次户外旅行。真是天赐良机，另有“企图”的富军毫不犹豫地参加了。

旅行途中，人们总是需要找些快乐的事做。看准这一机会，富军灵机一动：何不来场比赛，到指定地点，看谁能先收齐 30 个微信号？富军将自己的这个提议告诉了同行的伙伴们，大家都兴奋地表示赞同。

2013 年初，正是微信盛行之时，人们交友不再需要交换名片，而是使用微信互加关注成为好友。凭借此法，1 周的户外旅行，富军的微信好友便迅速发展到了 1000 多名。

或许是这次艰苦的户外活动加深了富军与队友们之间的感情，或者是因为大家都拥有相同或相似的背景和经历，他们在互相交谈时，总有说不完的共同话题。

总之，富军通过这次商学院的旅行活动，积累了宝贵的人脉。基于此，当富军尝试在朋友圈内推荐自己的大米时，效果出奇地好，不少好友纷纷购买他的大米。

4. 做商业需要事件营销

在微信朋友圈里，富军一直不遗余力地推销大米。这种行为不但没有遭到大家的反感，反而还让大家记住了这个充满自信、开朗、乐善好施的富军。

当富军的微信好友积累到 3000 人时，他成为了商学院“卖米界”最有名的人。这些人中见过富军不到 3 次的超过 90%，大部分人都是通过朋友介绍认识富军的。由此可见富军的社交能力之强。

因为户外旅行打开局面，富军深刻认识到线下互动的重要性。嗅觉敏锐的他发现，事件营销能带来爆发式效应，其中趣味性话题更是能够引发商学院朋友圈的广泛关注和热烈讨论。

要知道，在社交网络中，谁能带动或发起一个话题，谁就能吸引众人的眼球，进而从中获益。

2013 年 12 月 1 日，上海举行盛大的国际马拉松比赛，这一直是社会热点话题，也激发了富军的思维火花。

如何才能将跑步和卖米完美地结合在一起呢？为了强化自己的粟米品牌在别人心目中的形象，富军决定亲自上阵。

在马拉松赛场上，人们看到了一只背着米袋子奔跑的愤怒的小鸟——这只背着米袋子的“鸟”正是富军（见图 5 – 7）。他穿上浑身贴满二维码的小鸟服装，成功地吸引了大量媒体的关注，就连上海马拉松最美丽选手廖智，都跑过来与他合影。

第二天，富军的小“鸟”形象登上了各大媒体的新闻头条，而且所有商学院的同学也都看到了新闻——富军不但成为了话题人物，还成为了新闻热点人物。

图 5 – 7　身背米袋的“愤怒小鸟”富军

自从决定卖米，之后向自己的微信好友赠送大米，一直到 8 月 26 日正式登记卖米那天，粮仓里的米就已经被“洗劫一空”了。之后，需要购买新米的顾客，还需要提前预约。

或许是富军之前的圈层营销发挥了效果和威力，在接下来的 3 个月内，富军每天都能收到大量来自微信好友的订米订单。

人们在微信朋友圈通常是这样和富军打招呼的："富军，我认识你，你家大米我吃过，很好，我要订一年的。"

截止到2013年11月底，富军积累下的全年订户高达200多个，销售了200万元的大米！这都是富军凭借个人微店创造出的成绩。

5. 朋友圈进行品牌内容建构

在朋友圈，富军一直坚持每周发送6条商品信息。最开始，商品信息都是围绕"粟米"展开的，比如：各种粟米组合套餐、健康生活方式等。

当富军拥有3万粉丝后，他的朋友圈就成了一个"媒体发布中心"，上面会出现商学院活动召集、社会公益活动发布、各种商业资源交互信息以及咨询求助等。富军在全力打造粟米品牌时，遇到自己不能解决的问题，就会主动求助朋友圈里的好友。小到粟米的一个名字，或者一句广告语，大到举行创意活动，都全部出自富军朋友圈里的高手。

也正是由于朋友们的大力支持和帮助，富军的粟米品牌最终在消费群体中形成了强烈的认同感。

6. 在朋友圈发送产品信息，点赞的人更多

在朋友圈里，对于富军经常发送有关粟米信息的行为，好友们大都只是亲切地调侃一下：富军跌进米缸了。不过，有时好友们也会友好地提醒他："富军再说话，禁言三周！"好在他们不会选择屏蔽。

富军每天都有大米订单，他也会将成绩发送至朋友圈。很多人

都会过来捧场，点个赞。就这样，富军这个人与他的粟米品牌紧紧地捆绑在一起。因为大家信任富军这个人，所以才会信任富军售卖的有机大米，继而认可他的粟米品牌。

富军在朋友圈里发送的相关内容中，有几个关键词重复率极高，分别是健康、感恩、真诚、大米、善心、理想、行动、坚持等。可以说，富军能在商学院朋友圈里成功塑造一个健康、开朗、幽默且执着的卖米大汉形象，这与他熟练运用微信作适销对路的圈层营销密不可分，更与他的人格魅力有直接的联系。因此富军 3 个月创造 200 万元的业绩，只是一个不错的开始。未来，富军可能会有更大的突破。

很多创业者都以为，打造一个品牌需要花很多钱。但富军的“微店”创业故事告诉我们一个事实：即使你不是大企业，哪怕就是一个小个体户，只要你熟悉微店平台，善于运用微店平台，了解媒体的运作方法，完全可以借助社交平台的优势，用最低的成本，在最短的时间内收获可观的回报。

第六章

订单管理：实时查看并做好管理

如何运用微店的订单管理功能有序地开展业务？如何运用微店的订单管理功能有效地拓展生意？

微店的订单包括四种：待处理订单、未付款订单、已完成订单和已关闭订单。及时处理、分析这些订单，是微店店主必修的功课。

待处理订单

订单来了，实在是一件令人开心的事。

有淘宝开店经验的店主，都知道订单管理的重要性。在淘宝店的经营过程中，如果店铺订单过多，很可能出现因店主无法及时处理而影响交易的情况，这将导致店主遭受利益和名誉上的双重损失。

跟淘宝店主相比，微店店主则幸运多了。因为微店平台为广大店主提供了非常完善且划分细致的订单管理功能，它不仅能帮助店主快速了解订单详情，同时还便于店主管理订单。

图 6－1　待发货的未处理订单

登录微店，点击“订单管理”，就会进入订单管理页面。订单管理拥有四项基本功能，分别是：“待处理”（见图 6－1）、“未付款”、“已完成”和“已关闭”。除此之外，还有一个“搜索”订单的功能。

下面我们先来了解一下“待处理的订单”。

什么是待处理的订单？待处理订单是顾客已经付款，需要店主处理并完成后续的发货任务的订单。

通常只要顾客将选中的商品放入购物车并成功付款后，微店平台就会自动向店主发送一条手机提示短信。收到提示后，店主应该尽快向顾客发货。

1. 进入订单页面

在“待处理订单”的名单里，我们只要点击其中任何一个订单，就会进入到订单详情页面（见图6－2）。处理订单时，只要点击右上角的“处理”按钮，选择“发货”（见图6－3）就可以了。

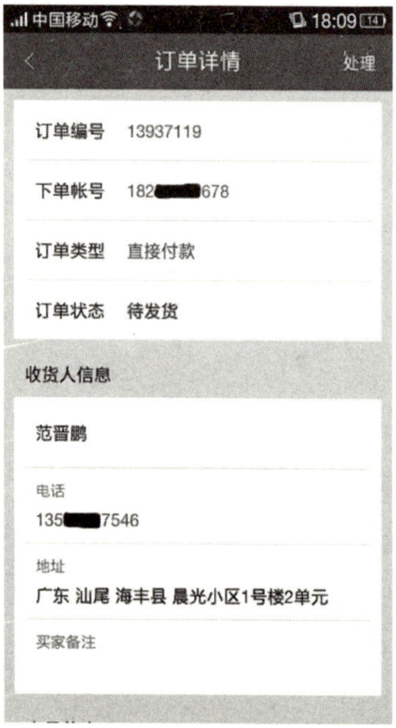

图6－2 订单详情图

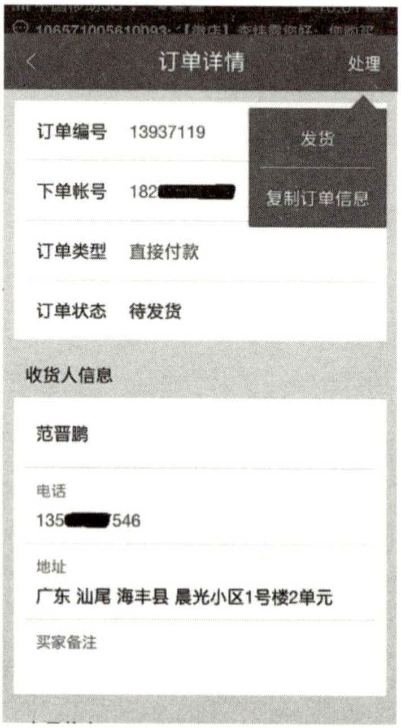

图6－3 选择“发货”

2. 选择“快递”处理订单

在发货页面（见图6－4），我们可以看见两种发货方式，分别为“快递”和“无需物流”。

如果店主选择快递发货，可以在微店平台的合作快递公司中进行选择，比如，顺丰速运、圆通速递等。当然，如果微店平台上没有店主合作的公司名称，店主也可以自己填写（见图6－5）。

填写相关信息之后，点击右上角的“发货”即可。

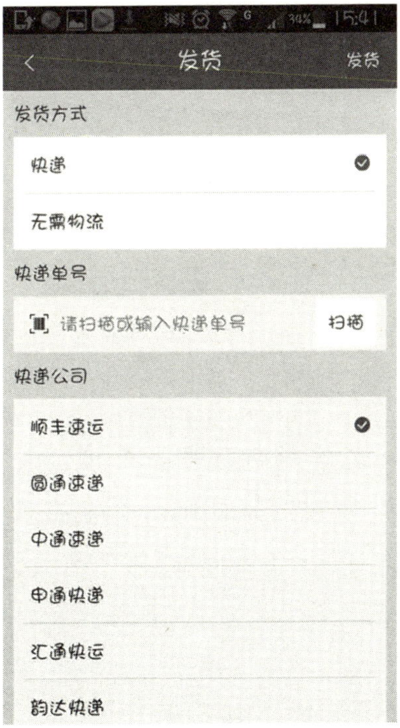

图6－4 “发货”页面

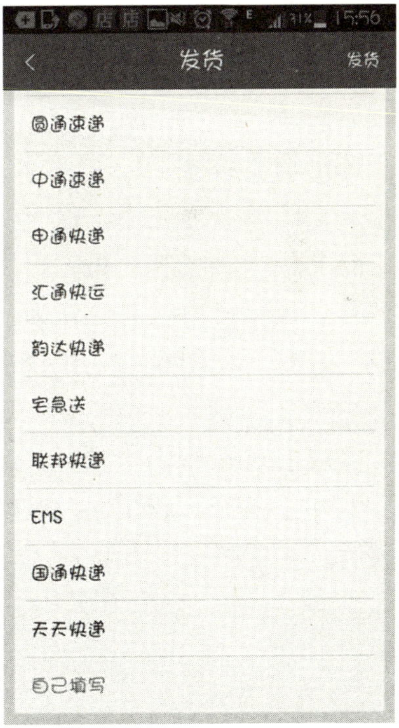

图6－5 店主填写合作快递公司名称

3. 选择“无需物流”处理订单

另外，微店的顾客有相当一部分是店主朋友圈里的熟人。如果住在同一座城市，就可以省去快递这一流程，店主可以送货上门，顾客也可以上门取货。如果是这种情况，店主只要点击“无需物流”（见图6－6）即可。

图6－6 选择“无需物流”

4. 成功处理“待处理”订单

选定物流方式后，“待处理”订单基本已经处理完毕。这时候再点击右上角的“发货”按钮，之前的“待处理”订单就会更新为“已完成”订单（见图6－7、6－8）。

完成上述操作，“未处理”订单已经处理完毕，变成“已完成”订单。关于“已完成”订单，后文我们将详细介绍，在此不再赘言。

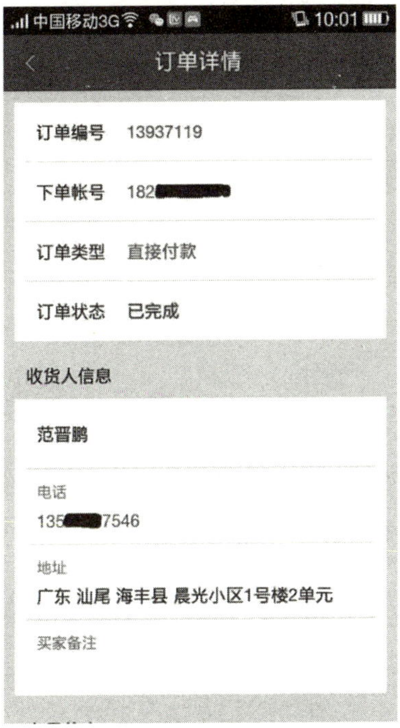

图6－7 订单详情（1）

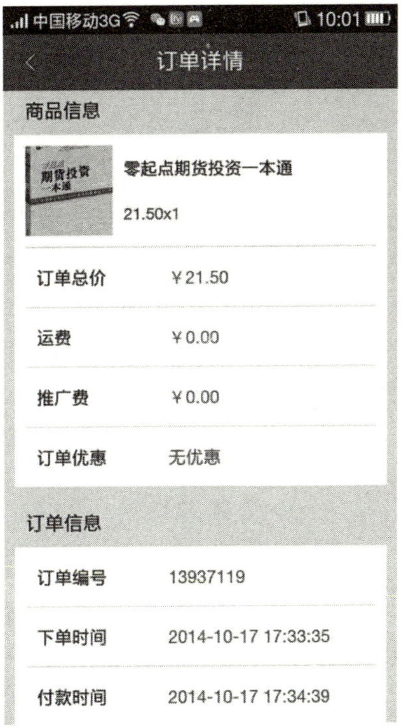

图6－8 订单详情（2）

未付款订单

部分开店新手对未付款订单了解不透彻，经常会因为处理此类订单不当而错失生意。对于这种订单，到底该如何处理呢?

未付款订单，实际上就是那些已将收件人信息填写完整的未付款订单（见图6－9）。也就是说，顾客已经有了购买的意愿，只是还没有完成付款。

图 6－9　未付款订单

此时店主最应该做的，就是及时与顾客取得联系（打电话，发短信，或通过微信和 QQ，视顾客在订单中留下的信息而定），探究其未付款的原因。只有知道了顾客未付款的原因，才能对症下药，争取成交。

再次强调：一定要及时。否则会影响这种订单的成交几率。

顾客在 24 小时内未完成付款，店主也没有及时处理的订单，就会自动变成“已关闭订单”。如果店主想了解这些曾经的未支付订单的情况，就只能在“已关闭订单”中进行查询了。

一般来说，对于那些收件人信息没有填写完整且已关闭的订单，店主无需处理。而对于那些收件人信息已经填写完整却未付款的订单，应该主动与顾客取得联系，询问具体情况，然后根据实际情况作出相应的处理，以促使订单能够“起死回生”。

未付款订单的顾客是最有希望成交的顾客。通过与之沟通，你会发现顾客没有付款，不外乎如下几个原因。

1. 不了解付款流程

对这类顾客，只要详细告诉他支付流程，以及支付时遇到相关问题的处理方法即可。在本书第八章“多渠道付款方式”中，对付款有很详细的讲解。你只需“照本宣科”，即可让顾客顺利地将货款打入你的账户。

2. 犹豫不决

犹豫不决也是顾客只下单而不付款的一个常见原因。本来想买，但填好后有点犹豫，所以就没有付款。

顾客为什么犹豫？

有可能是对商品质量心有疑虑，或者觉得价格有点儿高，也有可能是对于网购的信任度不够。你需要针对顾客的真实原因，一一解开其心结。

例如，顾客觉得价格有点贵，你可以重点谈谈商品的性价比，让顾客认为该商品是物有所值的，最好趁机夸赞一下顾客挑选商品的眼光。如果顾客还是下不了决心，你可以在合理的范围内给予优惠，或者赠送一些小礼品，以此促使顾客下单。

对于网购信任度的问题，可以从“7 天无理由退换货”和“担保交易”等方面来进行游说，让顾客尽可能打消顾虑。

3. 缺货

有时候，顾客未付款是由于断货。这时你一定要及时联系顾客，向其表达歉意，请他耐心等待几天。并告诉他，等货物备齐，你会在第一时间通知他。这样一来，就会大大降低此类订单的流失率。

当然，店主要尽量避免断货的情况发生，对店铺中畅销商品的存货量（上游经销商的存货量）需要时时关注。如果发现某种畅销商品即将断货，就要及时与上游经销商联系，尽快备货。

已完成订单

“已完成订单”就是店主已经处理过的顾客成功付款的订单，即已经进入发货流程的订单。

当店主成功处理完所有的“待处理订单”以及“未付款订单”，这些订单就会自动更新为“已完成订单”（见图6－10）。

图6－10 已完成订单

订单虽已完成，交易却刚开始。店主需要在第一时间内发货，或敦促上家在第一时间内发货。之后还要积极关注发货情况。万一顾客没有收到货物，向店主进行询问，店主若是一问三不知，顾客很容易产生不满情绪。

店主一定要做到对顾客的货物运输情况了如指掌，即使顾客不主动询问，也要及时将物流情况及时反馈给顾客，从而增加顾客对店铺的信任。你可以下载一款相关的快递追踪软件，随时随地对商品物流进行查询。

如果顾客询问的是其他问题，则需要掌握顾客的基本情况才便于回答。这时候，你可以使用微店“订单管理”中的“搜索”功能，迅速掌握顾客的基本情况。

具体操作为：在“搜索”（见图6-11）框里输入顾客的姓名、手机号或微信号，搜索到相应顾客的订单信息（见图6-12），点击任意一个订单，就会显示该订单目前的状态（见图6-13）。这样无论顾客有什么疑问，你都可以及时地为顾客进行解答。

图6-11　在搜索框里搜索顾客信息

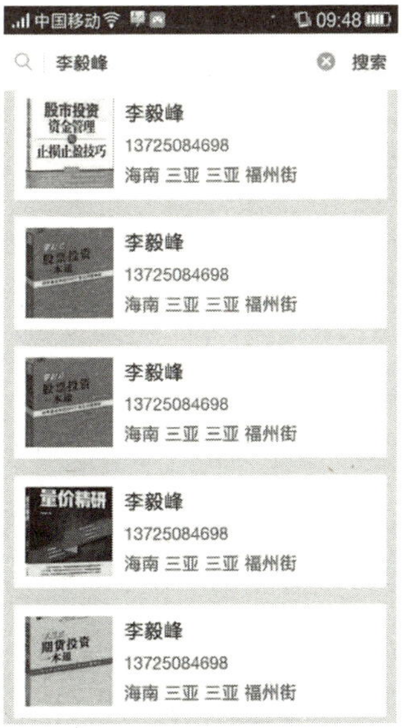

图6-12　顾客订单信息

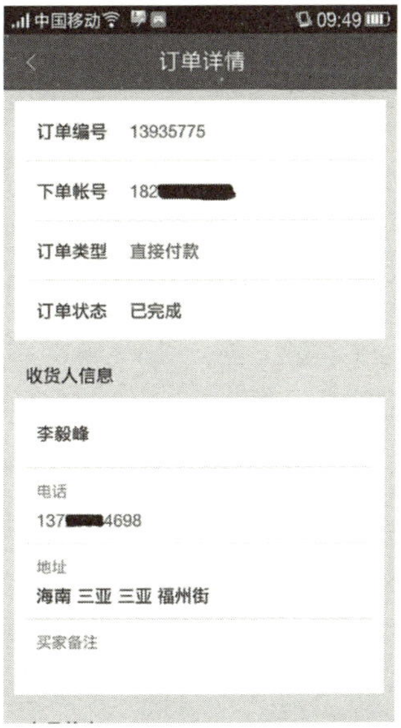

图6-13　顾客订单当前状态

一键导出订单

订单不多时，在手机上直接处理即可。但如果订单达到一定数量，或者需要他人代为发货时，微店“订单管理”中的“一键导出订单”就可以发挥作用了。

下面，我们就来看看如何操作“一键导出订单”功能。

1. 登录微店网页版

想要一键导出订单，店主需要登录到微店网页版才能完成。

首先，在网站上搜索“微店网页版 + 微店平台名”（见图 6 - 14），并点击它，便可进入到你的微店登录页面。

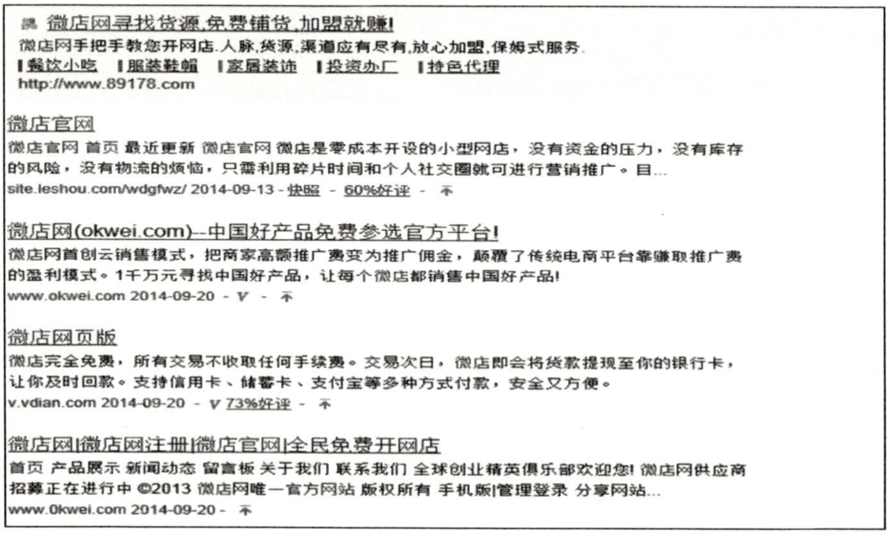

图 6 - 14 搜索并点击“微店网页版”

2. 进入微店

在微店登录页面，店主需要输入自己的手机号码（见图6－15），点击“下一步”，输入密码（见图6－16）之后，就可以进入自己的微店了（见图6－17）。

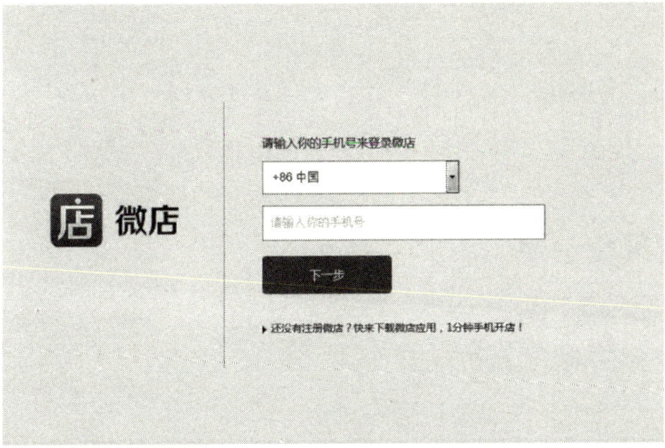

图6－15 微店登录页面

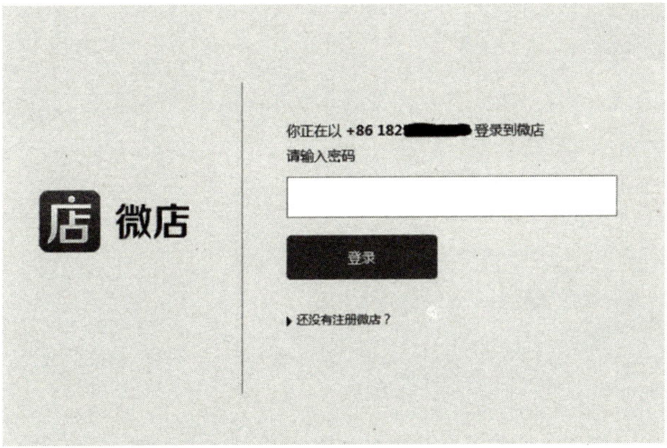

图6－16 输入密码

图 6－17　我的微店

3. 一键导出订单

进入微店之后，点击“订单管理”，进入到订单管理页面（见图 6－18）。

图 6－18　“订单管理”页面

如果想要导出订单，就需要选择订单日期，并从已付款、未付款、已发货、已关闭等四种订单中，勾选出自己即将导出的订单类型（见图6－19）。然后，点击“导出”，就会弹出下载页面（见图6－20）。选择好下载信息保存在电脑的位置后，就可以点击“下载”。下载完成后，订单信息就会以Excel表格的格式保存到电脑上。

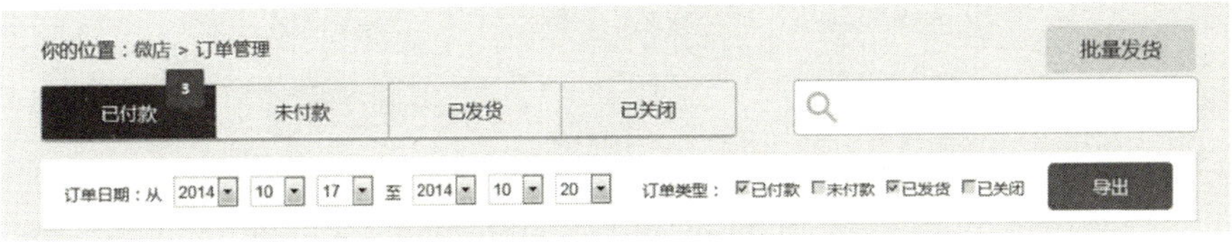

图6－19 选择好订单日期以及类型

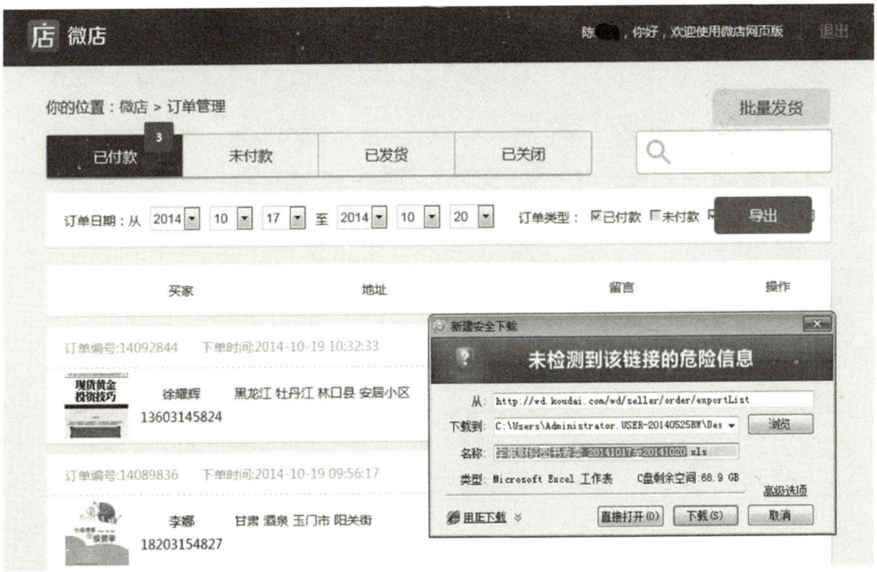

图6－20 “下载”页面

4. 处理导出来的订单

对导出来的订单，如果是已完成订单，那么店主可以直接以 Excel 表格的形式，快速打印出快递单（见图 6－21），以方便发货。

如果需要别人代为发货，也可将打印出来的快递单发送给对方，以方便对方发货。

除了已完成订单之外，店主还可以导出待处理订单、未付款订单以及已关闭订单（见图 6－22），以方便进行相关的客户管理和分析。

订单管理在经营店铺中起着十分重要的作用，通过订单管理，店主可以及时了解订单的最新情况，根据不同的情况做出不同的处理。

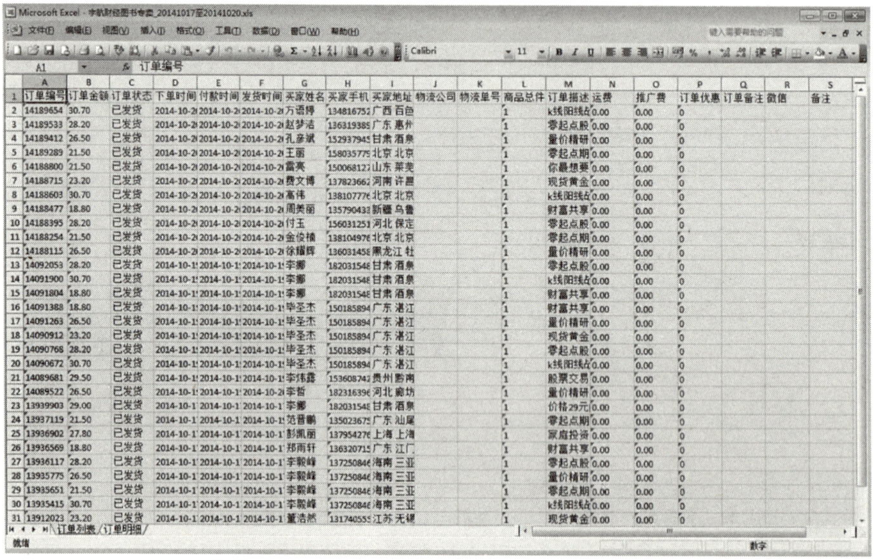

	A	B	C	D	E	F	G	H	I	J	K	L	M	N	O	P	Q	R	S
1	订单编号	订单金额	订单状态	下单时间	付款时间	发货时间	买家姓名	买家手机	买家地址	物流公司	物流单号	商品总件	订单描述	运费	推广费	订单优惠	订单备注	微信	备注
2	14189654	30.70	已发货	2014-10-2	2014-10-2	2014-10-2	万语婷	134816752	广西 百色			1	k线阳线战	0.00	0.00	0			
3	14189533	28.20	已发货	2014-10-2	2014-10-2	2014-10-2	赵梦洁	136319385	广东 惠州			1	零起点股	0.00	0.00	0			
4	14189412	26.50	已发货	2014-10-2	2014-10-2	2014-10-2	孔彦斌	152937945	甘肃 酒泉			1	量价精研	0.00	0.00	0			
5	14189289	21.50	已发货	2014-10-2	2014-10-2	2014-10-2	王丽	158035775	北京 北京			1	零起点期	0.00	0.00	0			
6	14188800	21.50	已发货	2014-10-2	2014-10-2	2014-10-2	雷亮	150068127	山东 莱芜			1	你最想要	0.00	0.00	0			
7	14188715	23.20	已发货	2014-10-2	2014-10-2	2014-10-2	费文博	137823662	河南 许昌			1	现货黄金	0.00	0.00	0			
8	14188603	30.70	已发货	2014-10-2	2014-10-2	2014-10-2	高伟	138107776	北京 北京			1	k线阳线战	0.00	0.00	0			
9	14188477	18.80	已发货	2014-10-2	2014-10-2	2014-10-2	周美丽	135790433	新疆 乌鲁			1	财富共享	0.00	0.00	0			
10	14188395	28.20	已发货	2014-10-2	2014-10-2	2014-10-2	付玉	156031251	河北 保定			1	零起点股	0.00	0.00	0			
11	14188254	21.50	已发货	2014-10-2	2014-10-2	2014-10-2	金俊楠	138104976	北京 北京			1	零起点期	0.00	0.00	0			
12	14188115	26.50	已发货	2014-10-2	2014-10-2	2014-10-2	徐耀辉	136031458	黑龙江 牡			1	量价精研	0.00	0.00	0			
13	14092053	28.20	已发货	2014-10-1	2014-10-1	2014-10-1	李娜	182031548	甘肃 酒泉			1	零起点股	0.00	0.00	0			
14	14091900	30.70	已发货	2014-10-1	2014-10-1	2014-10-1	李娜	182031548	甘肃 酒泉			1	k线阳线战	0.00	0.00	0			
15	14091804	18.80	已发货	2014-10-1	2014-10-1	2014-10-1	李娜	182031548	甘肃 酒泉			1	财富共享	0.00	0.00	0			
16	14091388	18.80	已发货	2014-10-1	2014-10-1	2014-10-1	毕圣杰	150185894	广东 湛江			1	财富共享	0.00	0.00	0			
17	14091263	26.50	已发货	2014-10-1	2014-10-1	2014-10-1	毕圣杰	150185894	广东 湛江			1	量价精研	0.00	0.00	0			
18	14090912	23.20	已发货	2014-10-1	2014-10-1	2014-10-1	毕圣杰	150185894	广东 湛江			1	现货黄金	0.00	0.00	0			
19	14090768	28.20	已发货	2014-10-1	2014-10-1	2014-10-1	毕圣杰	150185894	广东 湛江			1	零起点股	0.00	0.00	0			
20	14090672	30.70	已发货	2014-10-1	2014-10-1	2014-10-1	毕圣杰	150185894	广东 湛江			1	k线阳线战	0.00	0.00	0			
21	14089681	29.50	已发货	2014-10-1	2014-10-1	2014-10-1	李炜鑫	153608742	贵州 黔南			1	股票交易	0.00	0.00	0			
22	14089522	26.50	已发货	2014-10-1	2014-10-1	2014-10-2	李哲	182316396	河北 廊坊			1	量价精研	0.00	0.00	0			
23	13939903	29.00	已发货	2014-10-1	2014-10-1	2014-10-1	李娜	182031548	甘肃 酒泉			1	价格29元	0.00	0.00	0			
24	13937119	21.50	已发货	2014-10-1	2014-10-1	2014-10-1	范晋鹏	135023675	广东 汕尾			1	零起点期	0.00	0.00	0			
25	13936902	27.80	已发货	2014-10-1	2014-10-1	2014-10-1	彭佩丽	137954276	上海 上海			1	家庭投资	0.00	0.00	0			
26	13936569	18.80	已发货	2014-10-1	2014-10-1	2014-10-1	郑雨轩	136320715	广东 江门			1	财富共享	0.00	0.00	0			
27	13936117	28.20	已发货	2014-10-1	2014-10-1	2014-10-1	李毅峰	137250846	海南 三亚			1	零起点股	0.00	0.00	0			
28	13935775	26.50	已发货	2014-10-1	2014-10-1	2014-10-1	李毅峰	137250846	海南 三亚			1	量价精研	0.00	0.00	0			
29	13935651	21.50	已发货	2014-10-1	2014-10-1	2014-10-1	李毅峰	137250846	海南 三亚			1	零起点期	0.00	0.00	0			
30	13935415	30.70	已发货	2014-10-1	2014-10-1	2014-10-1	李毅峰	137250846	海南 三亚			1	k线阳线战	0.00	0.00	0			
31	13912023	23.20	已发货	2014-10-1	2014-10-1	2014-10-1	董浩然	131740555	江苏 无锡			1	现货黄金	0.00	0.00	0			

图 6－21　导出来的已完成订单

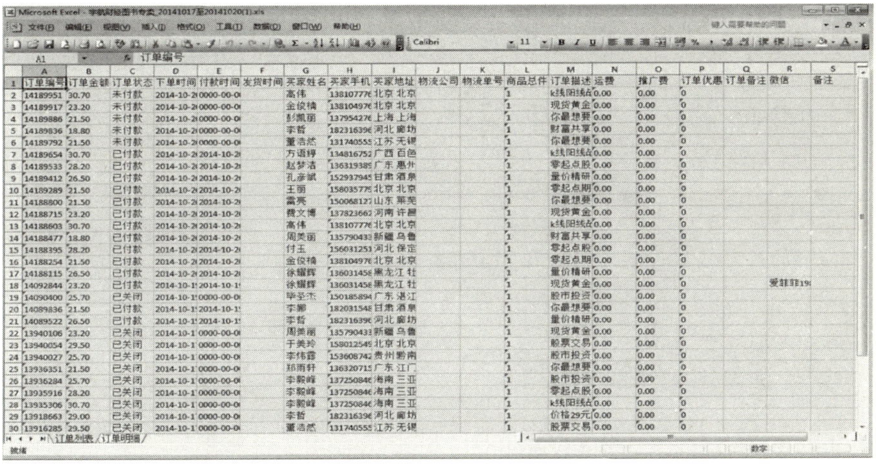

	A	B	C	D	E	F	G	H	I	J	K	L	M	N	O	P	Q	R	S
1	订单编号	订单金额	订单状态	下单时间	付款时间	发货时间	买家姓名	买家手机	买家地址	物流公司	物流单号	商品总件	订单描述	运费	推广费	订单优惠	订单备注	微信	备注
2	14189951	30.70	未付款	2014-10-2	0000-00-0		高伟	13810777	北京 北京			1	k线阳线占	0.00	0.00	0			
3	14189917	23.20	未付款	2014-10-2	0000-00-0		金俊楠	13810497	北京 北京			1	现货黄金	0.00	0.00	0			
4	14189886	21.50	未付款	2014-10-2	0000-00-0		彭凯丽	13795427	上海 上海			1	你最想要	0.00	0.00	0			
5	14189836	18.80	未付款	2014-10-2	0000-00-0		李哲	18231639	河北 廊坊			1	财富共享	0.00	0.00	0			
6	14189792	21.50	未付款	2014-10-2	0000-00-0		董浩然	13174055	江苏 无锡			1	你最想要	0.00	0.00	0			
7	14189654	30.70	已付款	2014-10-2	2014-10-2		方语婷	13481675	广西 百色			1	k线阳线占	0.00	0.00	0			
8	14189533	28.20	已付款	2014-10-2	2014-10-2		赵梦洁	13631938	广东 惠州			1	零起点股	0.00	0.00	0			
9	14189412	26.50	已付款	2014-10-2	2014-10-2		孔彦斌	15293794	甘肃 酒泉			1	量价精研	0.00	0.00	0			
10	14189289	21.50	已付款	2014-10-2	2014-10-2		王丽	15803577	北京 北京			1	零起点期	0.00	0.00	0			
11	14188800	21.50	已付款	2014-10-2	2014-10-2		雷亮	15006812	山东 莱芜			1	你最想要	0.00	0.00	0			
12	14188715	23.20	已付款	2014-10-2	2014-10-2		费文博	13782366	河南 许昌			1	现货黄金	0.00	0.00	0			
13	14188603	30.70	已付款	2014-10-2	2014-10-2		高伟	13810777	北京 北京			1	k线阳线占	0.00	0.00	0			
14	14188477	18.80	已付款	2014-10-2	2014-10-2		周美丽	13579043	新疆 乌鲁			1	财富共享	0.00	0.00	0			
15	14188395	28.20	已付款	2014-10-2	2014-10-2		付玉	15603125	河北 保定			1	零起点股	0.00	0.00	0			
16	14188254	21.50	已付款	2014-10-2	2014-10-2		金俊楠	13810497	北京 北京			1	零起点期	0.00	0.00	0			
17	14188115	26.50	已付款	2014-10-2	2014-10-2		徐耀辉	13603145	黑龙江 牡			1	量价精研	0.00	0.00	0			
18	14092844	23.20	已付款	2014-10-1	2014-10-1		徐耀辉	13603145	黑龙江 牡			1	现货黄金	0.00	0.00	0		爱菲菲19	
19	14090400	25.70	已关闭	2014-10-1	0000-00-0		毕圣杰	15018589	广东 湛江			1	股市投资	0.00	0.00	0			
20	14089836	21.50	已付款	2014-10-1	2014-10-1		李娜	18203154	甘肃 酒泉			1	你最想要	0.00	0.00	0			
21	14089522	26.50	已付款	2014-10-1	2014-10-1		李哲	18231639	河北 廊坊			1	量价精研	0.00	0.00	0			
22	13940106	23.20	已关闭	2014-10-1	0000-00-0		周美丽	13579043	新疆 乌鲁			1	现货黄金	0.00	0.00	0			
23	13940054	29.50	已关闭	2014-10-1	0000-00-0		于美玲	15801254	北京 北京			1	股票交易	0.00	0.00	0			
24	13940027	25.70	已关闭	2014-10-1	0000-00-0		李伟霖	15360874	贵州 黔南			1	股市投资	0.00	0.00	0			
25	13936351	21.50	已关闭	2014-10-1	0000-00-0		郑雨轩	13632071	广东 江门			1	你最想要	0.00	0.00	0			
26	13936284	25.70	已关闭	2014-10-1	0000-00-0		李毅峰	13725084	海南 三亚			1	股市投资	0.00	0.00	0			
27	13935916	28.20	已关闭	2014-10-1	0000-00-0		李毅峰	13725084	海南 三亚			1	零起点股	0.00	0.00	0			
28	13935306	30.70	已关闭	2014-10-1	0000-00-0		李毅峰	13725084	海南 三亚			1	k线阳线占	0.00	0.00	0			
29	13918663	29.00	已关闭	2014-10-1	0000-00-0		李哲	18231639	河北 廊坊			1	价格29元	0.00	0.00	0			
30	13916285	29.50	已关闭	2014-10-1	0000-00-0		董浩然	13174055	江苏 无锡			1	股票交易	0.00	0.00	0			

图 6-22　导出来的待处理、未付款、已关闭的订单

另外，即使店主不在线，微店平台也会将订单信息以短信形式及时发送到店主的手机上。也就是说，无论何时何地，店主都可以通过手机，轻松掌控店铺所有订单的信息。因此，想要让自己的微店生意红火，就必须好好掌握订单管理的各种技巧。

案例：儿童摄影也能开微店

各种微店平台陆续推出，掀起了一股微店“狂潮”，一大批微店品牌的成功崛起，更是带动了众多创业人士的奋斗激情，大家纷纷梦想着做第一批吃“螃蟹”的人。

不少微店品牌经过一段时间的试营业之后，都取得了非常不错的成绩。其中的“米兰贝贝”儿童摄影，更是“令人瞩目”。

在“米兰贝贝”微店平台内，顾客能够清晰地看到下方菜单栏所设的三大板块：作品欣赏、本月热门和会员专区。

在作品欣赏（见图 6－23）里，顾客可以看到一些“米兰贝贝”的摄影相片。在本月热门中（见图 6－24），顾客可以了解店铺本月的活动，或是有什么事情可以去微社区（见图 6－25）询问。当然，会员专区就是会员了解“米兰贝贝”的微信网站，属于会员福利。

通过这些分类，顾客可以按照自己的需求进行个性化选择。这极大地带动了“米兰贝贝”微店平台的人气，其生意也迈向了更高的台阶。

图 6－23　作品欣赏

图 6－24　本月热门

图 6－25　米兰微社区

如果有顾客在“米兰贝贝”的微店下单，就可以通过官网进行后续操作，或者通过电话进行深入交流。

下单后，顾客需要和摄影师预约宝宝的拍摄时间。在预约的时间内，去店里拍摄或是进行户外拍摄。拍摄完后，在1个星期内，客服会主动打电话，和顾客商议具体时间来店选宝宝照片。选片完成后，“米兰贝贝”美工就开始后期制作，最后告知顾客过来看样品的时间。

一般来说，顾客选定样品后，3天内就可以拿到宝宝的照片和相关产品了。不过，“米兰贝贝”还会在顾客孩子次年的生日、儿童节等具有标志性的时刻，送上他们最真诚的祝福。

不仅如此，只要店铺有活动，店主都会提前告知顾客，吸引顾客关注和参与。

自从开通微信小店以来，“米兰贝贝”店铺里的顾客便越来越多，生意也越来越好。这都是源于微店平台提供的巨大便利：顾客只需使用手机即可完成预约，支持微信支付或储蓄卡支付等。即使不会线上付款的顾客，也可以在店内付款。不过下单时，顾客需要留下姓名与电话。这样便于店内人员联系顾客，预约拍摄时间。

更重要的是，“米兰贝贝”推出了免费上门服务。如此一来，既方便了顾客，同时也为店铺增加了客源，真可谓一举两得。

随着微店平台功能的逐步完善，相信“米兰贝贝”的生意会更加火爆。

第七章

客户管理：对接CRM系统，将服务做到**极致**

著名品牌战略专家李光斗曾说过，任何营销活动的举行，无非是要达到两个目的：一是增加客户数量，消费群体的增加意味着销售量的增加；二是增加消费频次，在消费群体无法增加的情况下，让消费者增加消费频次，形成重复消费。

重复消费的关键是让消费者变成忠诚顾客，对店铺和产品产生一种依赖。要提高顾客忠诚度，CRM 系统是一个很不错的助手。

玩转 CRM，促进客户管理

CRM（见图 7－1），是英文 Customer Relationship Management 的缩写，即客户关系管理。它是企业用来管理客户关系的工具，是一个不断加强与顾客交流，不断了解顾客需求，并不断对产品及服务进行改进和提高，以满足顾客需求的连续的过程。

对于微店来说，CRM 是客户管理的一个理想工具。

图 7－1　CRM

与你有过交易记录的顾客，都会在 CRM 管理系统中留下信息。你可以从多角度查询、统计客户的发货记录、交易记录等。然后，再将这些客户基本资料进行共享集成。

下面将告诉各位如何玩转 CRM。

1. 提高店主对客户的整体认识

店主开展的一切营销活动，必须要围绕“以市场为导向，以客户为中心”，所以对店主来说，客户很重要。

当店主把CRM放在微店战略里去思考，就有可能成为以“客户为中心”的受益者，而CRM系统价值就在于此。CRM拥有真实、多维度的数据记录，会提高店主对客户的整体认识。

2. 防止客户流失

许多店主都会因为不懂得如何区分对待新顾客和老顾客而导致顾客流失，CRM可以帮助店主解决这一问题。

CRM可以通过客户资料来管理客户，让店主对客户的需求、喜好等一目了然。同时也会对新老客户进行区别对待，从而增加顾客黏贴度，降低顾客流失率。

3. 提高客户转化率

很多店主为了吸引更多客户，花费了大笔资金进行店铺推广，或是策划了多种营销活动，但实际的营销效果却并不理想。导致这一状况的主要原因，就是店主对顾客跟进不力，进而客户转化率偏低。

这时，又到CRM显身手的时候了，它可以帮助店主对顾客进行跟进，将顾客访问来源以及咨询问题记录下来，以便店主进行查看，从而提高潜在顾客的转化率。

4. 关注客户个性需求

过去，人们的消费需求大多“多元化”。随着生活水平的提高，人们的消费需求渐渐从“多元化”转为“个性化”。也就是说，他们在选择商品时，往往会按照自己的需求来购买。

CRM 可以及时帮助店主捕捉到顾客的这些信息，以方便店主对顾客进行有针对性的商品推荐，从而提升店铺的成交率。

总之，不难看出，CRM 注重的是改进店主与客户的关系，帮助客户较好地管理客户。

当店主真正做到了“一切以客户为中心”，将客户服务做到极致，那么店铺的生意自然会越来越红火，越来越有竞争力。

有效利用 CRM，建立客户档案

在移动电商时代，顾客的信任是一笔无形的资产。作为微店店主，一定要珍惜顾客的这种信任，把握好时机，把这些信任你的顾客发展成为忠诚顾客。

做好客户管理工作，是达成这一目标的有效方法。

各个微店平台为了方便店主管理客户，都自带“客户管理”功能，这一功能是通过对接 CRM 来实现的。通过“客户管理”功能，店主可以随时查看相关客户的收货信息以及历史购买等数据。这些数据可以帮助店主分析客户的购买特性、喜欢的商品类型、接受的价格范围以及个人喜好等信息。通过这些信息，店主可以定期向不同的顾客群体推荐相关商品，从而达到提升店铺销量的目的。

下面我们就以口袋购物平台为例，给各位店主讲一讲客户管理功能的具体内容。

口袋购物微店平台的客户管理分为两个部分：“聊天消息”和“客户管理”。

1. 聊天消息

打开微店软件后，找到并点击“客户管理”。进入“客户管理”页面，左边就是聊天消息（见图7－2），这是店主与顾客进行沟通的场所。无论是顾客购买前向店主咨询的相关问题，还是购买后向店主抱怨的相关问题，都会在这里有所体现。

图7－2 与客户的聊天信息

面对顾客提出的各种问题，店主都需要及时、认真地给予回答。虽然店主不可能24小时在线，但再次上线时，一定要在第一时间里回复顾客留言。

2. 客户管理

“聊天消息”的右边就是“客户管理”。

当店铺有了订单之后，客户资料（见图7－3）就会自动添加进来。店铺拥有多少顾客，是新顾客还是老顾客，他们购买的是哪种商品，数量是多少等信息，CRM都会根据具体情况对顾客进行分类。

分类的标准有很多，比如按照顾客交易的次数，或者按照顾客购买商品的类型。如果店主想了解某位顾客的具体情况，直接点击该顾客，相关信息就会显示出来，包括顾客姓名、联系方式、收货地址、客户备注、微信号以及购买商品等（见图7－4）。

图7－3　客户资料

其中，店主最应该关注的，是客户备注和客户购买商品信息这两部分。一般来说，顾客如果有特殊需要的话，都会在客户备注上仔细填写。这样店主就可以根据这些备注信息，对顾客进行分类，然后根据他们各种不同的需要，有针对性地推荐相关产品，从而更好地满足顾客的需求。

如果顾客没有填写备注，店主可以根据顾客以往的商品购买信息（见图7－5），分析顾客喜欢的商品类型，然后按照这一标准将顾客分类，再向他们推荐合适的商品，从而大大提升成交率。

店主要想将微店打理得井井有条，就要多分析顾客的信息，然后按照一定的标准将顾客进行分类，并建立客户档案。这样才能有效地促进客户管理，提升店铺销量。

图 7－4　客户详情

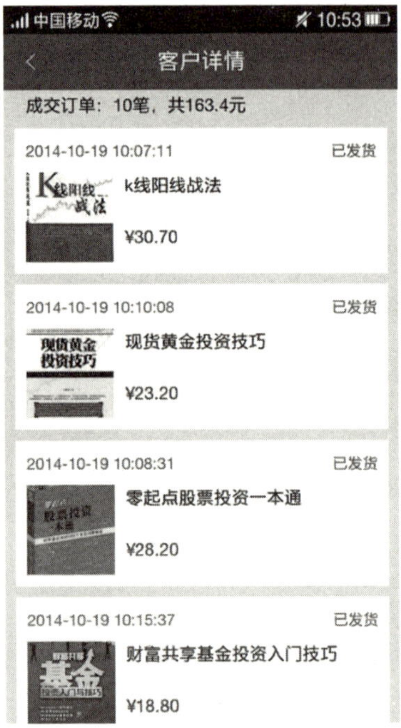

图 7－5　客户购买商品信息

管理客户信息，防止老客户流失

相信有很多店主都曾遇到过这样的情况：店铺的点击量与之前相比并没有多少变化，可是销量却大不如前。面对这种情况时，许多人都弄不明白是为什么。不过不用着急，CRM 会帮助大家弄清楚这个问题。

前面我们已经讲过了，CRM 已经帮助店主完成了客户资料的搜集、分类以及建档。这时，就到了客户档案发挥功能的时候了。如果发现店铺在某一段时间内销量明显下降，那么就需要从客户档案入手，进行一番分析。

一般来说，在点击量相差不大的情况下，某件商品（或整个店铺商品）的销量出现很大的差异，无非有如下几个原因。

1. 对商品质量不满意

对商品质量不满意，是顾客光看不买的主要原因。

例如化妆品 A，本来是三个月左右就需要进行复购。店主通过对顾客购买记录的跟踪和查询，如果确定之前的顾客超过商品使用周期依旧没有购买，那么就可以在很大程度上确定是商品的质量出现问题了。

另外，店主也可以主动联系顾客，直接询问对方不进行复购的原因，是否是因为对商品质量不满意，这样可以更直接地得到答案。

如果是因为商品质量影响了客户的复购，那么店主就要立刻下架该商品，然后另选优质的同类商品进行销售。

2. 对店铺服务不满意

作为店主，你要明白，打开店门做生意，你卖的不仅仅是商品，还有你的服务。网上的微店多如牛毛，同类商品也是随处可见。如果你不能给客户提供更好的服务，客户有什么理由一定要照顾你的生意呢?

如果你发现最近一段时间老客户不再来光顾你的店铺，就要检讨一下，是不是自己的服务有哪里做得不到位，有些服务是不是可以再提高一些。

只要你在服务方面做得越来越到位，一定能在很大程度上挽回老客户的心。

3. 客户对商品的认识存在误区

客户放弃复购还有另外一个原因，那就是对商品的认识存在一定的误区。

比如说，有的客户为了达到美白效果，购买了具有美白效果的面膜，可是连续使用一个疗程后，发现并没有产生预期的美白效果，于是认为该款面膜不好用，继而放弃购买。

如果遇到这种情况，作为店主，你就有必要对客户进行相关产品知识的普及，让客户了解，想要利用面膜改善皮肤肤质，达到美白的效果，不是一朝一夕就能完成的，这需要一个过程，同时还需要配合其他护肤品共同使用。如果某种面膜一用就白，那么里面一定是添加了一种含“铅”的化学成分，如果长期使用，对皮肤是有害无益的。

一般来说，经过店主的专业讲解，大多会帮助客户走出对某种商品认识上的误区。这样不仅可以在很大程度上挽回客户，还会加深客户对店主的信任。

当然，要想成为某一领域的专业人士，店主就必须要进行相关的学习。尤其对于自己所售卖商品的相关知识，一定要详细掌握，这样才能在客户面前展现出专业的一面，打消客户的疑惑，轻松获得订单。

4. 客户忘记购买

忘记购买也是客户弃购的一个很常见的原因，而且跟前几个原因比起来，这个原因最简单。

忘记购买不外乎几种原因：工作较忙，心情不好，商品对其可有可无，等等。这时候，店主应该主动进行关怀。

查阅客户档案之后，如果发现某位客户之前购买的某种商品（尤其是快销品）已经快用完，或者用完了还没有购买，那么可以进行善意的提醒。如果客户真的忘记了，会对你的提醒感到很贴心，进而增加对店铺的忠诚度。

另外，对于顾客的商品评价，以及顾客的抱怨与建议，各位店主一定要重视起来。这能够帮助店主及时掌握店铺及其商品存在的问题，迅速改善店铺的不足。这是避免老客户流失的有效措施之一。

总之，店主要学会利用 CRM 来管理自己的客户，同时也要学会分析客户资料，从中发现一些经营和管理中常常出现的问题。

当然发现问题是一方面，最重要的是解决问题。就像这一节所讲的，当你从客户资料中发现了老客户流失的情况之后，一定要针对不同的原因，拿出切行可实的改善方法，这样才可以在最大程度上防止老客户流失。

研究客户档案，深挖老顾客价值

在 CRM 帮助店主建立的客户档案中，老客户自然是其中非常重要的一个群体。为了提高店铺销量，店主也都会好好为这些老客户提供服务。但是老客户对于店铺发展来说，仅仅只能在增加销量方面提供帮助吗？

其实，只要店主肯花心思好好研究这些老客户的档案，就会从中发现许多有价值的信息。店主完全可以根据掌握的这些，深度挖掘这些老客户的价值。管理客户的目的也正在于此。

那么老客户除了经常照顾店主生意之外，还有哪些值得深度挖掘的价值呢？下面我们来讲一讲这个问题。

1. 给予优惠和奖励，激励老客户带来更多客流量

一般来说，老客户对于店铺的忠诚度和信任都比较高，店铺上

架了新商品，如果正是他们所需要的，他们大多都会下单购买，而不会去跟其他店铺货比三家。所以说老客户的消费是店铺日常销量的重要保障。

但是店主绝不要仅仅把老客户当成普通消费者来对待，而应该把他们看成能够为店铺带来更多客流量的“口碑营销者”。

要想达成这一目标，就要给予老客户一定的优惠和奖励，以此来激发他们为店铺带来更多的客流量。

具体来说，可以根据购买商品的数量，给予老客户一定的优惠和折扣。比如，当老客户累积购买或一次购买商品达到某一数量时，给予相应的优惠。优惠的方式可以是给予打折，也可以是给予相应的赠品（例如买几送几）。

这样一来，即使店主不主动要求，他们也多半会把自己的良好购物体验传播给身边的亲朋友好友，从而为店铺带来大量潜在的客源。

当然，当老客户为店铺带来新客源时，同样需要店主给予一定的奖励。根据老客户带来的客源数量给予相应的奖励，是一种非常有效的方法。比如，带来10位新客户，可升级为VIP顾客，享受购物8.8折优惠；带来的新客户累积到50人，则可升级为钻石顾客，购物享受更低的折扣或者享受别的优惠。

优惠和奖励双管齐下，不仅可以巩固店铺与老客户之间的关系，同时还可以充分挖掘老客户的资源，发展新客户，从而为店铺带来更多的客源。

2. 将老客户发展成分销商，共同创业

除了可以为店铺带来更多的客流量以外，老客户其实还有一个更大的价值可以挖掘，那就是把他们变成店铺的分销商。

微店区别于其他电商平台的一大特点，就是可以发展自己的分

销商，然后利用分销商为店铺带来更大的推广空间和更多的销量。

一般情况下，微店的老顾客对于店内商品的价格和品质都有很好的了解，因此店主将其发展为自己的分销商，是非常明智的选择。因为这样一来，店主和老客户就成为了利益共同体，顾客通过分销，可以获得一定的利益，因而也会尽心尽力地去做。这样，对于店铺的长远发展有百利而无一害。

无论是为店铺带来更多的客流量，还是成为店铺的分销商，与店铺共享利益，这些都是老客户具备的潜在价值。而要想挖掘出这些价值，就需要店主认真分析和研究客户资料，同时做好客户管理。比如给予老客户一定的优惠和激励，或在平时与老客户进行积极有效的沟通，等等。

店主如果能够做到这些，那么店铺未来的发展必然不可限量。

做好客户管理，转换经营思路

商品销量是店铺发展的基础。

要想不断增加销量，在服务好老客户的同时，更要大力开发新客户，这样才能保持微店的订单可以源源不断。很多店主也采取了相关的措施，比如说，不断发展分销商，不断进行各种促销来吸引新客户等。

不可否认，这些都是很不错的吸引新客户的方法。不过相对来说，却有些传统和老套。难道就没有什么新鲜的点子吗？

众所周知，在某一领域获得成功的人，大多是打破常规、不按常理出牌的高手。正是因为具备这种与众不同的能力，所以他们很容易在竞争对手中脱颖而出。

这些人具备一个共同的特点，那就是——逆向思维。也就是说，他们在思想和观念上从不固步自封，而总是会跳出来，找到一片别人未曾发现的“蓝海”。这一点值得所有店主好好学习。

那么，针对微店店主来说，该怎样去发现“蓝海”呢？这时候CRM又开始发挥作用了。在已经整理好的客户档案中，根据分析统计，你会发现某一类商品的固定客户群大概包括哪些群体，那么除了这些群体之外的群体，就是你应该去挖掘的“蓝海”。

举一个简单例子。比如说，你是一个主营护肤品的微店店主，不用说，在开店时，你已经做好了客户定位——女性群体，尤其是年轻女性群体。这种观念无可厚非，毕竟从古至今，爱美一直是女人的专利，所以卖护肤品，把女性作为目标客户群并没有错。

但是，如果你能转换一下思维，把目标客户群体再扩大一些，扩大到大多数人没有想到的领域，比如瞄准都市男性白领群体，如果获得成功，无异于开发出了一片自己的“蓝海”。

当然，作为店主，要想在这片“蓝海”里获得想要的市场，你就要学会引导消费者转变既有的消费观念，比如把一款面膜卖给一位男客户（见图7－6、7－7、7－8）。

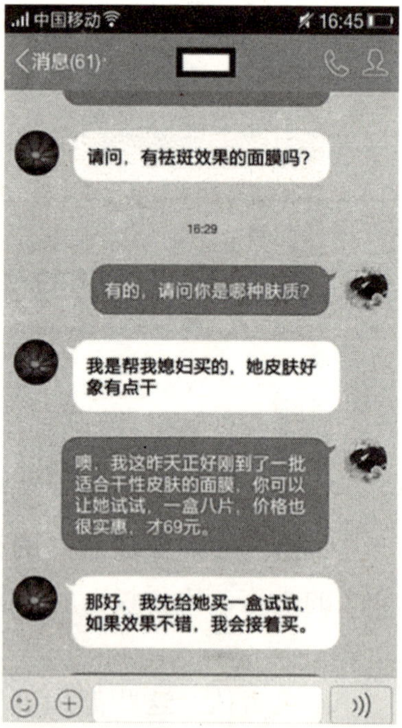

图7－6　向男顾客推销面膜（1）

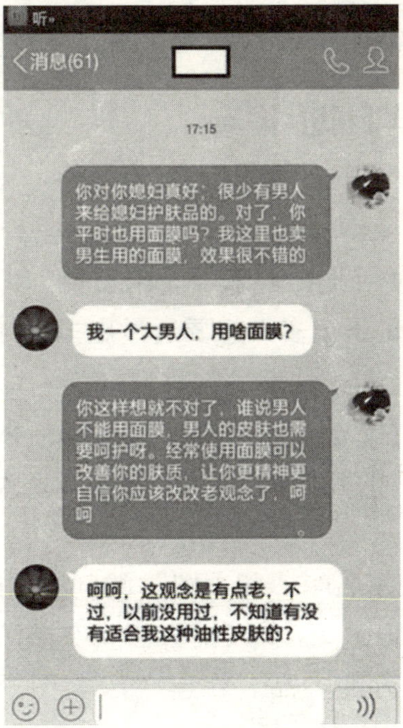

图 7－7　向男顾客推销面膜（2）

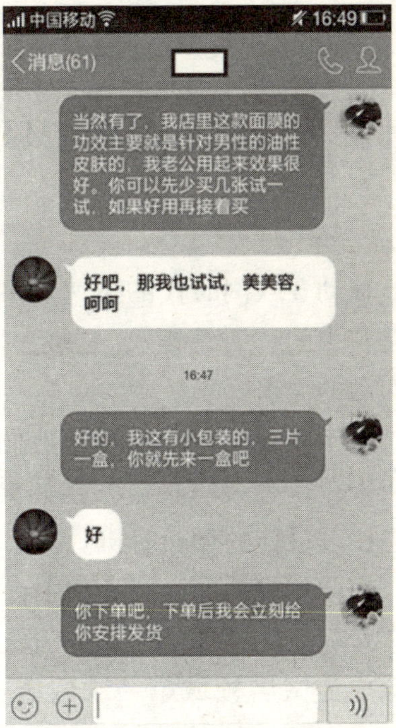

图 7－8　向男顾客推销面膜（3）

类似这种发现新“蓝海”，开拓新客户的例子，还有很多。只要店主能够转变固有的营销观念，就可以发现很多未曾开发过的市场。

不要再受传统营销观念所限，只把眼光对准既有的目标消费人群，而应该开阔视野，转变观念，这样才能发现更大的客户群体。

当然，作为店主，如果想开拓更多的“蓝海”，不仅仅要转变自己的营销观念，同时还要学会转变顾客的消费观念。

总之，无论你经营的是什么，万变不离其宗。在这里，我们为大家传递的是一种转变观念的思想，只要你的旧有营销观念能够得到一定的转变，那么你就等于拥有了一双发现“蓝海”的眼睛。

案例：6 天破百万的“LOMO 自助印”

移动互联网时代的飞速发展，为创业者带来了无限可能，微店便是其中的“香饽饽”，它极大地满足了很多人想要通过虚拟店铺售卖商品的需求。

对于微店经营者来说，他们最需要思考的问题，就是如何依靠微店来获得更大的收益。在如火如荼的互联网创业时代，每个人都惟恐错过最佳的创业时机。

在众多成功的微店品牌中，有一家名叫“印美图”的创业团队。在售卖新一代“印美图”产品的过程中，仅 6 天销售额就突破了百万，成为微店领域第一个收入破百万的产品。就连“印美图”的 CEO 黄昱钊，都没有想到生意会如此火爆。

“印美图”通过微信平台，利用云打印和二维码识别技术，使用微信公众号，就可以为广大用户提供自主图片 LOMO 打印服务。

其实“印美图”的硬件终端（见图 7－9）是一个有一定体积的无线打印装置，屏幕为 8～9 寸，服务名为“LOMO 自助印”。“印美图”团队的目标人群为新潮和有格调的人，目的在于留住“LOMO”场景记忆，而不是让人只联想到相片打印。

图 7－9 “印美图”硬件终端

“LOMO 自助印”是指顾客通过手机和自助印终端打印出来漂亮的 LOMO 相片。具体如何操作呢？在自助印终端前，顾客使用手机扫描（见图 7－10）后，便可关注“印美图”的微信公众账号。然后发送手机照片至“印美图”微信公众号，并输入“印美图”前端屏幕显示的微信验证码，“印美图”无线终端就会在几秒内接收照片，打印出一张非常漂亮的 LOMO 卡。

图 7－10　顾客使用手机扫描

也就是说，顾客手中的智能手机，瞬间会变身为一部即拍即得的相机，而无线装置像一个“暗房”，帮你把“底片”快速冲印成相。整个过程非常简单，是一个极为难得的创意。

在产品设计初期，“印美图”团队希望解决用户自主打印相片的需求。LOMO 自助印是一个公众服务，在用户终端，还需要用户下载“印美图”的 APP，通过这个 APP 上传图片并与终端交互。但在产品测试中，团队发现让顾客下载 APP 来使用自助服务有一定的门槛，花费顾客太多的时间，用户体验不是很好，而且 APP 的推广也是一个问题。整体算下来，成本不低，团队无法承受。

“印美图”结合微信公众账号后，用户无需再下载 APP，微信有适用于各种场合的客户端，它为广大商家提供了庞大的客户群。这些群体通过微信“附近的人”提供了基于地理位置服务的导引服务，即使距离“印美图”终端几百米远的顾客，也能非常轻松地找到附近的 LOMO 自助印。

“印美图”与微信功能结合，当顾客关注“印美图”公众号后，就可以向“印美图”微店平台发送图片，随后顾客就能从“印美图”硬件中获取相片，其过程非常简单、快捷。

同时，“印美图”还有留声卡服务，顾客也可以在发送图片时附带语音留言，语音留言可转化成二维码附在图片上（见图 7－11）。

如此一来，顾客就可以扫码听见语音留言。

实际上，留声卡具有一定的娱乐性，顾客也会将自己的情感加入其中。随着时间的推移，留声卡的附加价值就会与日剧增。

图7-11 打印图片附带二维码

最初，“印美图”想通过APP来做语音留言，但用户体验并不好。而基于微信的语音留言，用户无需安装APP，成本比较低，还易于传播。

另外，“印美图”的应用场景是分享、娱乐，而不是打印。一般来说，相片打印机将相片打印出来即可，而“印美图”则不同，通过微信将相片打印出来后，它还能起到一定的社交作用。

“印美图”最初是依靠代理商进行销售的，后来与微信合作，微信朋友圈的推动为“印美图”销售提供了一个全新的、高契合度的渠道。

众所周知，“粉丝效应”对任何一个企业的品牌传播都具有强大的作用，“印美图”也是如此。当顾客对“印美图”提供的各方面服务都比较满意时，就会在自己的朋友圈内转发“印美图”的相关信息。代理商同样会将产品信息转发到朋友圈，这就大大增加了“印美图”的曝光率，关注该产品的用户越来越多。

另外，微信平台提供的结合二维码扫描功能的微信支付方式，使得“印美图”的支付流程变得更加简单，提供了良好的顾客体验。

此外，与知名品牌合作推广，也是“印美图”的主要业务。目前，“印美图”已与海底捞、万科、宝马等高端消费品牌达成合作。“印美图”在选择合作方时，不仅会考虑对方在市场中的影响力，还会考虑合作方对互联网是否有深刻的了解。

黄昱钊说，“我们做的是移动互联网硬件，对移动互联网依赖性很高。如果没有移动互联网，一切都无从谈起。”他表示，“当然，搭载微信小店的硬件产品，也将成为未来的发展趋势。”

总之，微店的开店模式非常简单，商家利用微店平台，在积累庞大的用户基数后，便可进行产品推广。同时，开通微信支付功能后，还可以帮助硬件产品完成交易闭环，做好线下服务。

作为一种新型网店平台，我们可以透过“印美图”，看到移动互联网硬件和微店两者在结合后产生的巨大价值，相信未来必将产生更多玩法。

第八章

收入管理：如何用好**电子化**账单

事关金钱无小事，收入管理是微店管理极为重要一项内容。

在开店之前，店主就需要在自己的微店中添加银行卡，这样店铺的收入就会直接体现在该银行卡中。

此外，最好是设置担保交易，可以提高店铺的信誉度，从而促进收入的提高。收入提高的同时，资金的安全问题也要重视起来。

如何添加银行卡

微店面对的顾客，在消费时以在线支付的情况居多。所以在开店之前，店主需要准备好一张与微店绑定的银行卡，以便于顾客付款。

如果想重新办理一张单独的银行卡，最好开通一下手机短信提醒业务。这样资金到账后，就会及时收到相关信息。

下面简单介绍一下如何在微店中绑定你的银行卡。

1. 进入微店

点击手机里的微店 APP，进入自己的微店里。点击“我的收入”，进入之后，点击“绑定银行卡”。

2. 填写银行卡信息

进入到“我的银行卡”页面，先选择与银行卡相匹配的银行。如果上面没有显示该银行，你可点击右边的向下按钮，从弹出的银行选项中进行选择，选定后点击即可。

接下来，按照提示将银行卡信息填上，再点击“确定”，即可完成添加。

目前，微店仅支持储蓄卡绑定，所以信用卡等其他卡种不适用这一功能。

另外，在填写银行卡信息时，银行卡开户人姓名必须与注册微店时使用的手机号码、姓名一致，且填写的银行卡信息要准确无误，否则收入或佣金将无法兑现。

3. 修改银行卡账号信息

如果中途你想更换绑定的银行卡，可在“我的银行卡”页面中，点击“修改收款账号”，然后填写新的银行卡信息，点击“确定”，即可成功完成信息修改。

这里值得注意的是，店主每天只能修改一次银行卡信息。如果想再次修改，只能等第二天再进行了。

如何进行担保交易

电子商务最大的特点是快捷，最大的困扰是信任度。

为了让顾客放心地下订单，免除后顾之忧，微店平台推出了担保交易。也就说，顾客购买了你的商品，支付的货款将由微店平台代为保管。微店平台负责对你的商品质量、发货、售后进行监督，并支持顾客 7 天包退、15 天包换。直到整个交易确认顺利完成，微店平台才会将货款划给你。

目前，是否设置担保交易，由店主自己决定。不过顾客在微店消费时，更青睐那些设有担保交易的店铺。因此多数店主为了获得顾客的信任，都会为自己的店铺设置担保交易功能。

有些没设置担保交易的，顾客在下单时，甚至会要求店主进行担保交易设置。如果店主不配合，那么交易就很可能失败。因此为了让顾客放心，店主选择设置担保交易是较为明智的选择。

下面将告诉各位微店创业新手如何设置担保交易。

（1）进入微店设置页面。

登录微店后，点击“我的微店”，进入自己的店铺中。

接下来，点击页面下方的“编辑店铺”，便进入到店铺设置页面。

找到页面下方的“担保交易”并点击。

（2）开通担保交易。

进入“担保交易”页面，阅读完《微店担保交易服务约定》之后，若同意此约定条件，便点击“开通担保交易”。再点击“是”，即可完成设置。

担保交易设置成功后，你就可以在自己的店铺中看到此项功能了（见图8－1）。

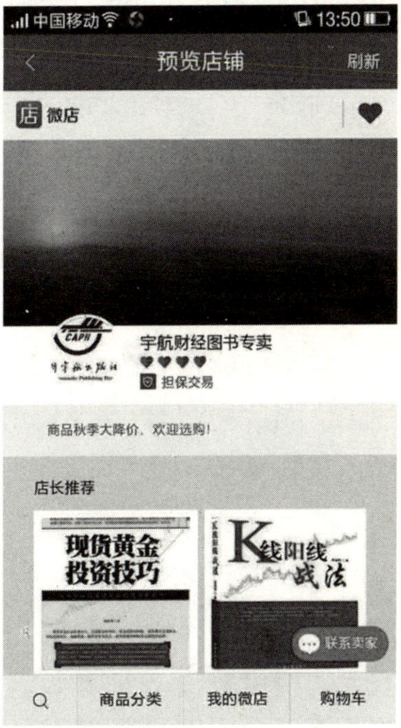

图8－1　店铺显示“担保交易”功能

开通担保交易后，微店的付款方式就会在原有“直接到帐”的基础上，新增一项“担保交易”付款。对顾客来说，在付款时就有了选择余地了。

作为店主，对这一功能的操作

流程应该详细了解。这样不仅可以在顾客进行相关咨询时给予准确的回答，同时也可以为店铺的收入管理提供第一手资料，以方便店主不断完善对收入的管理。

那么顾客在实际操作当中，如何进行担保交易呢？

（1）选择“担保交易”并提交订单。

顾客选中商品后，点击“立即购买”，就会进入到购物车页面。填写完商品数量以及收件人信息后，点击“结算”，便会进入“确认收货地址”页面。确定收货地址之后，便会进入支付页面。选定“担保交易”以及支付方式，最后点击“提交订单”。

值得顾客注意的是，“提交订单”页面中，会有一句“只有顾客确认收货后，微店才能将资金提现给卖家”的提示（见图8－2）。这就是在告诉顾客，在收到商品后，要点击“确认收货”，店主才能够收到货款。

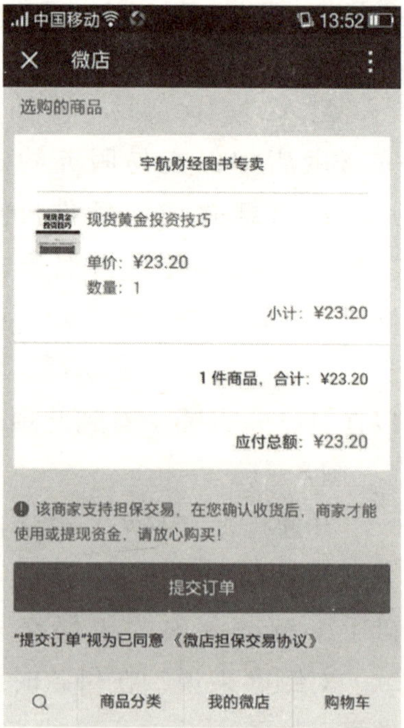

图8－2　提交订单

（2）填写银行卡信息。

点击“提交订单”之后，便会进入支付页面。顾客可以选择用储蓄卡支付，也可以选择用信用卡支付。

如果以储蓄卡支付，就可以点击“储蓄卡快捷支付”，顾客可根据实际情况选择银行。

当顾客选定好银行后。可以点击“下一步”，进入到填写银行卡相关信息页面，填写完毕后点击“确定”。

之所以给店主介绍这些知识，是因为有不少顾客也是新手，在支付的过程中，可能会遇到以上问题向你咨询，这时你就可以告诉他如何去做。

（3）顾客成功付款。

点击“确定”几秒钟之后，支付宝平台会向顾客的手机发送一条付款验证码信息（见图8－3）。输入验证码信息，点击“下一步”，整个付款流程就此结束。

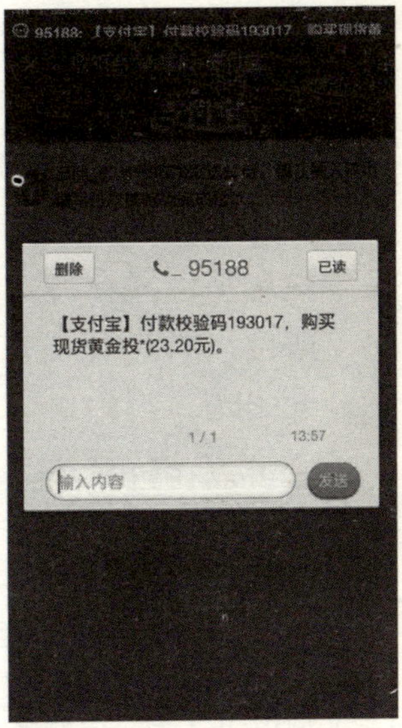

图8－3　支付宝平台发送验证码

（4）店主完成发货。

顾客成功付款后，店主会接收到相关短信，并提示店主及时处理订单，完成发货。

店主按照订单发货后，要在“订单详情”中点击“发货”。这时，订单就从待发货进入担保交易倒计时状态（见图8－4）。同时，顾客也会收到来自微店平台发送的订单信息（见图8－5）。

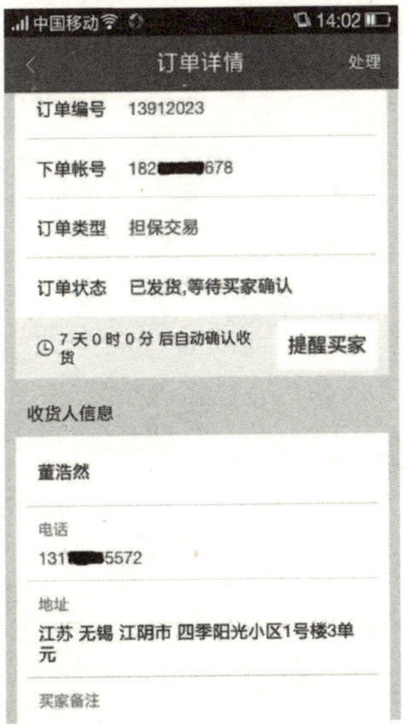

图8－4　订单进入担保交易倒计时状态

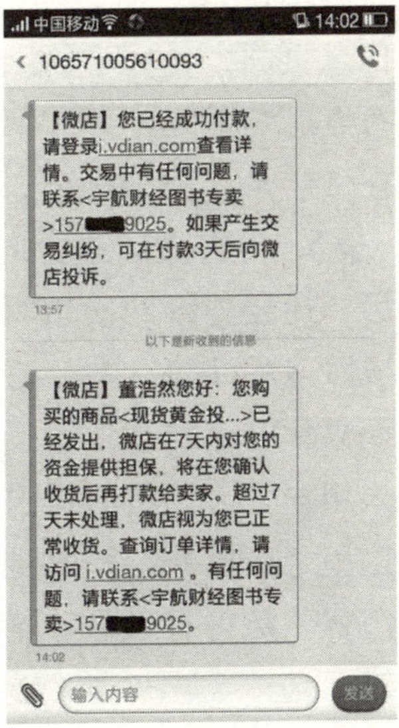

图8－5　微店平台发送订单信息

（5）顾客确认收货。

顾客选择“担保交易”，意味着微店平台会在7天内对顾客的资金提供担保，只有顾客确认收货后，微店平台才会打款给店主。

所以当店主查询到商品已经送到顾客手中，但顾客还未确认收货时，就可以在订单中点击“提醒买家”，再点击“确认”复制粘贴提示信息（见图8-6）。

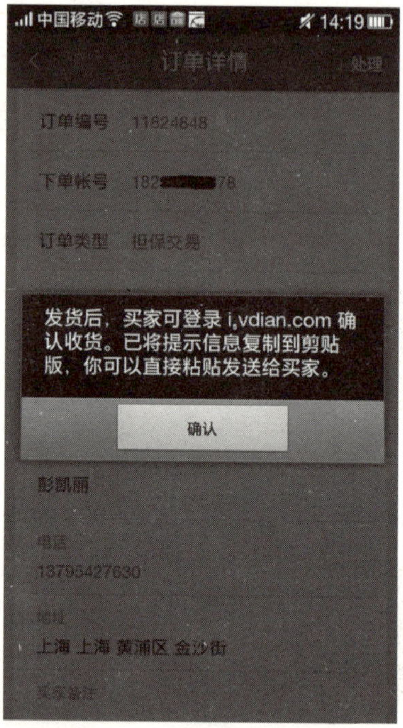

图8-6 已复制提示短信

这时顾客就会收到这条提示确认收货的短信，并点击短信中的微店网址——点击“打开（将要连接网络）”，再点击“确定”。

点击“确定”后，会进入登录账号信息页面。

有点麻烦的是：如果顾客之前没有在微店平台注册账号，需要先进行注册。输入手机号后，点击“下一步”，等待微店平台向所填手机号发送一条验证码。填写完验证码后，还要连续两次填写为账户设置的密码，最后点击“确认”，才完成账号的注册。

如果顾客已经注册过微店账号，直接输入手机号码和密码，即可进入用户中心。然后点击“我的订单”，就可以查看订单信息了。

这里之所以介绍顾客的操作，也是让店主知道微店交易操作的整个流程。免得有顾客不懂操作，问到相关问题时，店主不知道如何应对。

对于那些送达7天仍未确认收货的顾客，微店平台将视为默认收货，会将货款于次日自动划给店主。

（6）担保交易结束。

顾客进入“我的订单”页面，点击“确认收货”，再点击“是”，即完成了确认收货。此时，担保交易就结束了。随后，微店平台会向顾客发送交易完成信息（见图8-7）。

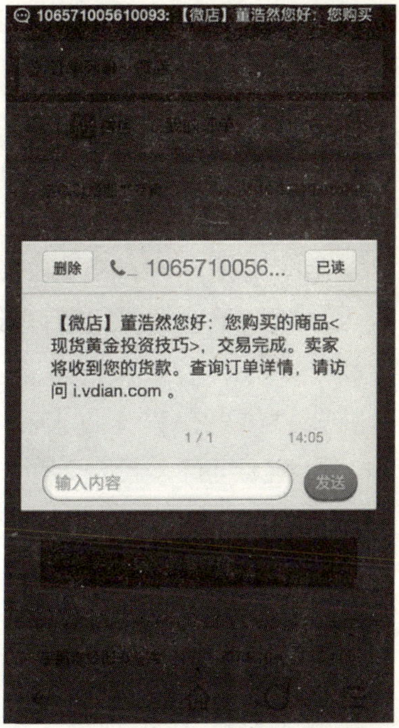

图8-7　向顾客发送交易完成信息

有些谨慎的顾客为了保障个人利益，初次与店主交易时，会主动要求店主“担保交易”。如果店主已经掌握担保交易的设置以及流程，面对顾客提出的相关咨询，就可以及时、准确地予以回答，指导顾客完成相关操作。

微店平台上的担保交易功能，对于店主和顾客来说，是一项可以实现双方共赢的功能。要说缺点，那就是店主的货款会晚到账几天。如果店主想取消这一功能，可以联系微店官方客服。一般来说，在客服受理后的两三个工作日内，就可以成功取消。

微店收入管理

一般来说，微店店主的收入主要源自三个方面。

一是顾客看中商品成功下单并付款之后，店主从顾客身上赚取的利润。

二是店主通过分销商成功售出商品后，店主在支付分销商佣金后的利润留余。

三是店主作为别人的分销商赚取的佣金。

为了清楚明晰地管理好每一笔收入，微店平台为店主们开设了相关功能。微店收入详情包括三项内容：账户信息、累计收入和收入明细（见图 8 –8）。

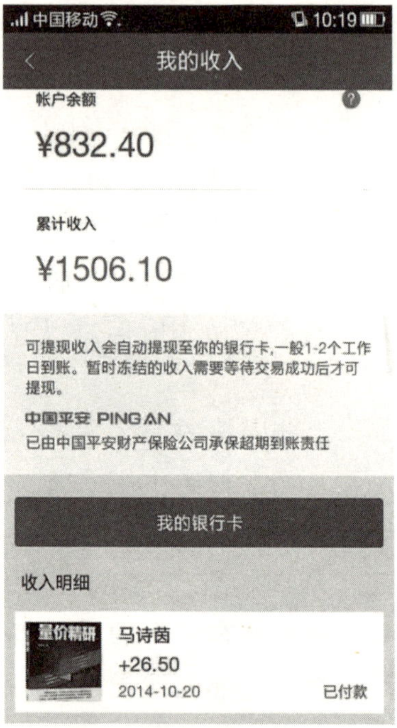

图 8 –8　我的收入详情

1. 账户信息

首先，从账户信息中，店主可以了解到“正在提现的金额”，以及“暂时冻结的金额”。

“正在提现的金额”，是指顾客已成功交易，微店正在向店主的银行卡中回款的那部分金额。

“暂时冻结的金额”，是指顾客在付款时选择了担保交易，被微店平台暂时冻结的那部分金额。待顾客确认收货后，这部分金额 7 天内便会被划到店主的银行卡中。

若顾客在担保交易期间没有确认收货，而是要求店主退款，那么店主完成退款后，退款金额就会从冻结金额中直接被扣除。

2. 累计收入

当所有的账户金额都被提现后，账户金额就会自动转化为“累计收入”，这时账户金额会显示为“0”。

透过“累计收入”显示的收入金额，店主可以轻松地掌握微店的总收入情况。这时候，如果店主想要具体了解微店详细的收入情况，可以去“收入明细”查看。

3. 收入明细

通过查看收入明细，店主可以清楚地了解到每一项收入的信息，比如顾客已付款信息和退款信息，以及店铺的提现信息等。当然，店主若想了解这些收入的订单详情，直接点击查看即可。

说到这里，不得不提到收入提现。一般来说，顾客付款有两种方式，一种是“直接付款”，另一种就是“担保交易”。顾客选择“直接付款”后，交易成功的货款会打到店主绑定在微店上的银行卡里，一般 1 ~2 个工作日内就可以到账。

如果顾客在付款时选择了“担保交易”，那么这种货款则需要顾客确认收货后才能提现。如果店主发货 7 天内没有确认，也没有退款投诉，系统会自动默认对方确认收货，货款随后会打入店主绑定在微店上的银行卡内。

多渠道付款方式

微店平台为顾客提供了多种付款方式，包括微信付款、储蓄卡付款以及信用卡付款等，顾客可以根据自己习惯的方式去选择其中的一种。

从表面上看，付款是顾客的事情，但作为店主，也要清晰地了解这些付款方式的流程。

协助顾客快捷准确地支付，促成交易最终完成，是店主“义不容辞”的责任。下面我们了解一下顾客在实际操作中有哪些常见的付款方式（见图8-9），以及付款流程是怎样的。

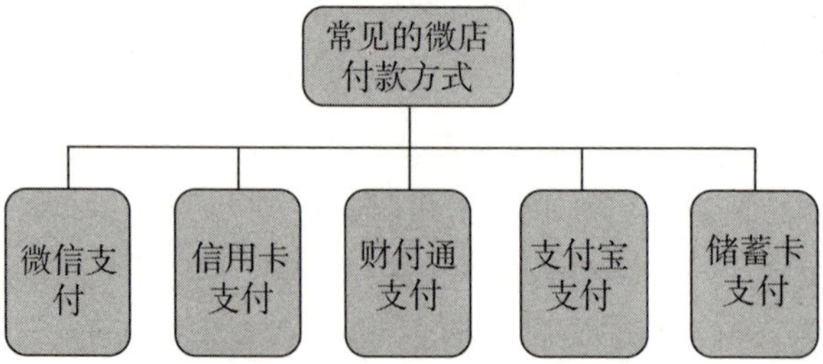

图8-9　常见的五种微店付款方式

1. 微信支付

微信支付是一个新生的金融工具，目前仅限于在微信平台开设的移动商家（包括微店）。而对于在口袋购物、口袋通或微店网等其他平台开店的移动商家（包括微店）来说，如果有顾客想要利用微信支付，必须要通过店主发送一个付款链接才能够支付。

有一点值得大家注意，只有在店主同时设置了担保交易和微信收款的基础上，顾客才能通过微信收款链接方式进行微信支付。也就是说，顾客在付款时，只能在担保交易里才能找到微信支付方式。如果顾客选择直接付款，是无法进行微信支付的。

下面，我们就以口袋购物微店平台上的微信支付为例，详细讲解微信支付的相关流程。

（1）买卖双方达成交易意向后，店主点击手机里的微店 APP，进入微店页面，点击“微信收款”。

（2）进入微信收款页面后，店主会看见一段提示：“微店将配合银行共同打击无真实交易背景的虚假交易……”在这段提示上面，输入顾客购买商品的价格，点击“下一步”。

（3）此时，转入“向买家发起收款”页面，上面显示着“微信收款创建成功”（见图 8－10）。

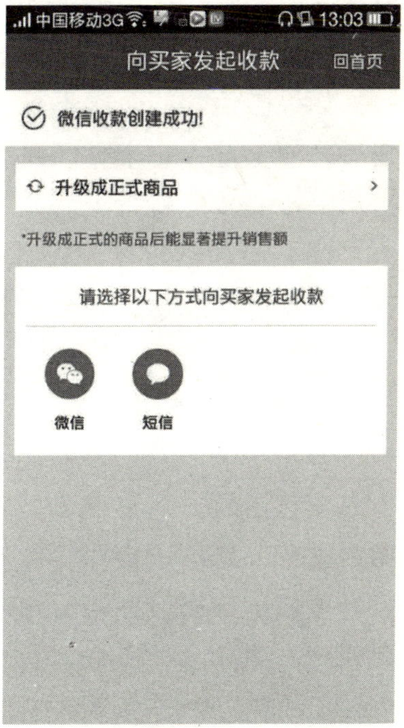

图 8－10　微信收款建立成功

微信支付并不需要先将商品升级为正式商品（上架商品），没上架的商品也可以向朋友圈进行微信收款。如果你想将未上架商品升级为正式商品，可以在这里选择点击“升级成正式商品”，也可以按照本书第二章第二节“如何添加商品”里的介绍，通过“添加”来让产品成为正式的上架商品。

（4）进入你的微信页面后，如果店主已经添加了顾客的微信号，就可以从微信联系人中找出该顾客。先点击该顾客图片，再点击“分享”，微信付款链接就成功分享给顾客了。

（5）顾客收到店主发送的微信收款链接后，直接点击该链接，便可进入到微店结算页面。下拉页面后，点击红色按键“结算”。

（6）进入结算页面，点击“微信支付”，然后向下拉，点击“提交订单”。

（7）提交订单之后，页面会显示两种支付方式，一种是“使用微信零钱支付”，另一种是“使用银行卡支付”。

如果顾客的微信零钱足以支付该交易的金额，“使用微信零钱支付”就会显示在绿色框内，直接点击“使用微信零钱支付”，即可成功完成付款。如果顾客的微信零钱余额不足，则会显示“零钱不足”。

如果微信零钱余额不足，顾客可选择“使用银行卡支付”。点击之后，便会进入一个页面，点击页面上的“添加银行卡支付”。按照提示一步一步走就行了。

（8）当微信付款流程全部完成，微店平台会以短信的方式提示顾客交易已经成功，并会及时将发货的信息告知顾客。

2. 信用卡支付

在付款时，如果顾客选择信用卡进行支付，首先要选择信用卡银行名称，然后填写信用卡的相关信息，包括信用卡号、信用卡的有效期、安全码以及银行预留手机号等。

填写完这些信息后，就可以通过手机获取验证码。然后输入验证码，点击“确认支付”即可完成支付。

3. 财付通支付

如果顾客已注册财付通账号，那么选择财付通支付就比较方便了。

可以在“支付中心”页面点击“财付通”，即可直接登录财付通账号。然后填写支付密码和验证码，点击“下一步”。这时，页面会出现两种支付方式，一种是财付通账号，另一种则是储蓄卡（注册财付通而添加过的银行卡）。

如果顾客的财付通账号有足够余额，直接选择财付通支付即可。如果余额不足，则选择储蓄卡进行支付。输入验证码之后，便可直接完成支付。

4. 支付宝支付

如果顾客已有支付宝账号，可以直接在支付宝页面输入支付宝会员、密码以及验证码，然后点击“下一步”进入到确认付款页面。后面的流程与财付通基本一致，在此不再赘述。

5. 储蓄卡支付

储蓄卡支付很简单。

顾客选择了已有的银行卡名称，再填写银行卡的相关信息，其中包括：银行卡号、姓名、身份证号以及手机号码等，然后点击“确定”。几秒钟后，顾客的手机就会收到验证码信息。输入验证码，点击“下一步”，即可完成付款。

以上几种付款方式，除微信收款需要店主设置外，其他的付款方式都可以由顾客直接进行操作，而且操作流程相差无几。

掌握了这些付款流程之后，在顾客咨询到相关问题的时候，店主便可以轻松应对了。

资金安全管理

一般来说，微店刚开张时，销售量十分有限，账户的资金自然也没有多少，因而很少去关心账户资金的安全问题。但是随着粉丝数量的增加，以及店铺知名度的不断累积，店主的收入也会逐渐增多。这时候，店主就需要关心账户资金安全了。

具体来说，店主们如果能够做到以下四大要点（见图 8－11），在资金安全问题上就可以高枕无忧了。

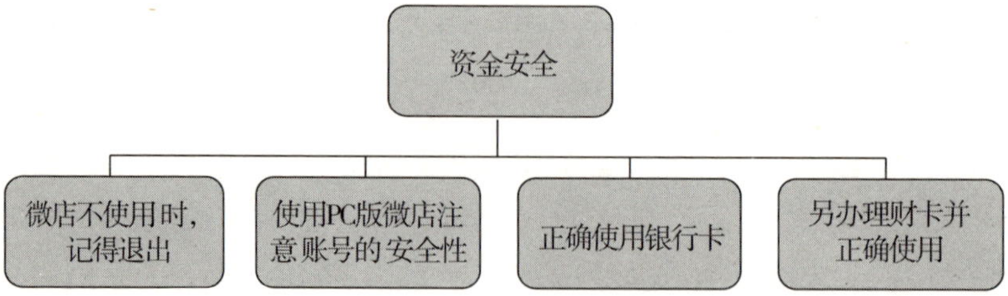

图 8－11　资金安全四大要点

1. 微店不使用时，记得退出

不少店主在管理完微店之后，为了方便下次登录，都不会去“设置”里点击“退出登陆”。然而方便与安全从来都是互相矛盾的。为了自己方便进出，房门不上锁，自然是不安全的。

同样的道理，店主不使用时不退出，同样也为安全留下了隐患。比如说，店主手机没放在身边，就有可能被居心不良的人偷偷划走微店的资金；或者不慎将手机丢失，风险更是极大。

因此平时不使用微店时，店主一定要记得退出。同时也要看好手机，防止丢失或被盗。

另外值得注意的一点是：如果店主使用的是安卓手机，最好不要安装来路不明的软件；如果是苹果手机，尽量不要“越狱”。这样可以避免因恶意软件而造成个人资料外泄的情况。

2. 使用 PC 版微店要注意账号的安全性

有的微店平台除手机版之外，还推出了 PC 版，可以使用电脑登录。

这里要提醒店主，在使用电脑登录微店时，尽量不要使用公共场所的电脑，尤其不要使用网吧里的电脑。因为网吧等公共场合人员较复杂，电脑安全性较差，很容易被木马袭击而中毒，让微店面临被人盗取的危险。

3. 正确使用银行卡

关于银行卡的安全，店主也要时刻警惕。

无论是借记卡还是信用卡，出现被盗刷的主要原因，是用户没有保护好自己的账户信息，尤其是账户密码。

一般来说，防止账户信息被盗取，最安全的做法就是物理隔绝。也就是说，最好不要在网上或手机上使用余额较多的银行卡。要使用时，尽量使用银行配给的专用 U 盾，这样就可以把风险降到最低。

4. 另办理财卡并正确使用

店主可以在微店绑定的银行卡之外，再办一张借记卡用作自己的理财卡。对于这张理财卡，除了开通 U 盾以外，最好避免其他一切网络支付功能，比如支付宝、电话银行或手机银行等。使用这两张卡时，在绑定的银行卡上，只留下少量备用资金即可，其他微店的收入都可以存在理财卡里。

如果店主需要钱进货时，可以通过理财卡的网银，将钱转到绑定微店的银行卡或其他专用的银行卡里。这样做虽然有些麻烦，却可以在最大程度上保障资金的安全。

总而言之，为了自己的资金安全，一定要小心谨慎，不要贪图方便。养成一个好的安全习惯，即使有时候麻烦一点，但却会对资金安全提供很大的保障。

案例：10 天 5000 单，微店创奇迹

2014 年 4 月，即将上线的微信小店的九州通医药集团旗下药店连锁品牌“好药师”，成为首批内测商家，获得微信小店接口。

利用微店平台零门槛、即接即用、简单快捷等巨大优势，“好药师”很快就搭建好了属于自己的“医药商城”，成为连锁药店领域微信 O2O 模式的典范。更重要的是，这小而美的微信小店，为“好药师”带来了不可估量的价值。

在外界看来，消费者的医药电商消费观念以及习惯都还没有完

全转变过来，而且网上医保支付以及处方药还未开放，按说“好药师”很难从行业中破土而出。但雷军说过，“站在风口上，猪也能飞起来”。“好药师”就是凭借庞大活跃的粉丝基数，借微信小店这股东风，成为了万人瞩目的明星。

“好药师”店铺内的商品都是经过精心挑选的，而且性价比极高。这让很多观望者失去了往日的理性心态，纷纷前来抢购。微信小店上线当天，“好药师”便出现了销售高峰，这种流畅而成熟的购物过程和优质的用户体验，使得“好药师”的微信小店刚开张10天，订单就突破了5000单！

这张成绩单让外界大吃一惊，人们纷纷猜测：“好药师”创造的热销奇迹是如何炼成的？它这“葫芦里的药”到底是怎么卖的？

1. 微信对企业有三大普适用力

在医药行业，想要打破传统营销模式的“好药师”，是第一个在微信上试水的企业。为了寻找更好的服务用户新路径。“好药师”CTO王乐天曾表示：“目前仅仅是以低价格吸引用户，这不足以持久发展。企业必须练好内功，基于微信的社区功能提供服务，通过服务抓住熟客，这才是电商最后的核心竞争力。只有到位的服务，才能让用户甘心留在这里。”

“好药师”也确实是这样去做的。他们利用微信平台，搭建起一个全套O2O药品急送服务，包括售前专业咨询、微信浏览下单，到物流实时通知、售后服药提醒服务等。

王乐天认为，微信有三大优势，几乎所有的企业都可以利用。具体如下：

第一，微信拥有庞大的用户群体，而且用户使用频率非常高，企业可以利用微信来做移动互联网服务的入口。

第二，只用一部手机，并且开通微信支付，企业便可搭建微信商城。

第三，线下，顾客可通过扫描二维码的方式完成交易。

微信小店功能，进一步提升了“微信连接一切”的平台能力，使得微信的普适力能够扩展到更多的企业。

2. 通过服务号积累大量粉丝

“好药师”微信小店开张前，其服务号就已经拥有了近百万粉丝。他们是怎么做到的呢？

开张前，其团队通过不定期向顾客推送各种活动，比如参与“好药师”活动即可免费领取神秘大礼，或参加特价优惠活动等。“好药师”希望通过各种形式的活动，借此鼓励所有的微信用户参与其中。结果效果极佳，粉丝活跃度极高，顾客纷纷在朋友圈晒奖。而且粉丝参与互动，可增加药店与粉丝的黏粘性以及归属感。

微信小店开张后，“好药师”售卖的商品价格，都要比其他网上购药渠道便宜20%左右。不难看出，“好药师”是想以超低价来获取粉丝，提高人气，进而打开市场。

当然，“好药师”不仅为微信用户提供超值商品，而且客服都是职业药师。这样做是为了给顾客提供更优质的服务，以便指导用户正确使用药品。而且客服随叫随到，可以进行一对一的指导。

3. 用微信小店实现一站式购药

当微信推出微信小店后，“好药师”便开始在微信上建立属于自己的“医药商城”，目前它已有一整套完善的医药销售服务系统。同时，“好药师”作为首批进驻微信平台的企业，吸引了国内众多媒体、行业专家以及用户们的广泛关注和讨论，成为了社会的焦点，这也为“好药师”取得良好成绩奠定了基础。

通过微信小店，“好药师”真正实现了一站式购药。关注“好药师”微信公众号的用户，即可在主页下方的菜单栏里找到“微信小店”。

根据顾客的不同需求，“好药师”设置了“好药师商城”、“小店首页”、“放心奶粉”、“成人保健”和“送礼省时间”五个实用店铺。比如进入“小店首页”，顾客可以根据自己所需药品查询详细信息，或者是联系客服进行咨询。顾客选定商品后，可以点击“购买”，通过微信支付付款，购药非常便捷。

“好药师”运营微信小店期间，并没有做过任何宣传和运营活动，只是在自定义菜单中添加了一个店铺而已。没想到近半个月时间，店铺的交易成交数和交易金额就成倍增加，这着实超出了他们的预期。

对此，王乐天说：“微信小店的接口功能非常适合中小商家，尤其是O2O的线下商家。”他表示，“微信是一个很好的垂直电商服务平台，可以完成售前、售中、售后、物流的通知到达，包括用药以后的关怀服务。”

另外，微信小店商品价格低，药急送O2O配送速度快。“好药师”将微信小店与药急送O2O完美地结合了起来，顾客可以根据自己的需要，选择不同的购买、配送方式。这种不错的购物体验，自然吸引了大量粉丝的关注。

4. 实时紧贴社会热点

实际上，“好药师”的店铺能够获得这样的成绩绝非偶然，敏锐的市场观察力，以及善于借助社会热点新闻来吸引更多人的关注，对于经营起到了关键作用。比如，当巴西世界杯成为社会热点时，“好药师”服务号实时贴靠热点，立即推出“球星大竞猜！你猜我送，不要太 Carzy！”大型互动活动。

早在世界杯到来之前，“好药师”就早已策划好了一切与世界杯相关的专题、活动和资讯。考虑到很多人关注世界杯，甚至熬夜观看节目，“好药师”非常体贴地上架了一些具有清火和润心等功效的商品，收到了良好的营销效果。

就拿“好药师”微信小店推出的“世界杯礼盒”来说，刚上架就被无数粉丝抢购一空，由此便可想象“好药师”生意的火爆程度。当然，为了继续吸引粉丝购买，“好药师”还根据世界杯赛程、热点新闻或球星表现等，策划一系列的相关活动，同时上架一些相关商品。

“好药师”身处移动互联网时代，敏锐地觉察出微信暗藏的巨大潜在价值，于是果断与微信合作，积累了大量的资源，蓄势待发。微信小店的上线，正是“好药师”能量爆发的最佳时机。

目前，“好药师”已在微信上连创多个“首家”。除了是第一家微信小店接入企业外，在医药行业，“好药师”还是第一个开通微信支付卖药的企业，更是第一个实现微信 O2O 服务药急送的医药连锁企业。王乐天表示，“未来，我们还要在微信平台上创造更多个‘首家’”。

不可否认，移动互联网的未来充满变数和挑战，但只要我们能够时时关注市场动态，与时俱进，勇于抓住时机，拥有敏锐的洞察力、判断力和强有力的执行力，同样可以创造出属于自己的辉煌。